第1回
書誌調整連絡会議記録集

電子情報時代の
全国書誌サービス

2000

国立国会図書館　　編
日本図書館協会　発行

National bibliographic services in the electronic information age
The 1st conference on bibliographic control

第1回書誌調整連絡会議

平成12年11月10日（金）
国立国会図書館新館3階研修室

電子情報時代の全国書誌サービス ： 第1回書誌調整連絡会議記録集 ／ 国立国会図書館編． － 東京 ： 日本図書館協会， 2001.9． － 76p ； 21cm
ISBN4-8204-0116-5　C3300　¥900E

t1.デンシ　ジョウホウ　ジダイ　ノ　ゼンコク　ショシ　サービス
a1.コクリツ　コッカイ　トショカン
s1.資料整理法　①014

目次

開会挨拶　　大竹　光治（国立国会図書館図書部長）·················· 3

第一部　電子資料の書誌情報

　講　　演　　目録規則の動向とNCR87Rの改訂について············· 7
　　　　　　　永田　治樹（図書館情報大学教授）

　報　　告　　国立国会図書館における電子資料への対応············· 21
　　　　　　　横山　幸雄（国立国会図書館図書部図書整理課課長補佐）

　コメント　　国立国会図書館におけるネットワーク系資料への対応········ 33
　　　　　　　中井　万知子（国立国会図書館総務部企画課電子図書館推進室長）

　補　　足　　リモートアクセス、ローカルアクセスと電子資料の利用提供······ 35
　　　　　　　永田　治樹（図書館情報大学教授）

　質疑応答 ··· 37

第二部　全国書誌提供方針の改善

　講　　演　　電子情報時代の全国書誌サービスのあり方············· 41
　　　　　　　上田　修一（慶應義塾大学教授）

　報　　告　　国立国会図書館における全国書誌提供の新方針········· 63
　　　　　　　原井　直子（国立国会図書館図書部書誌課課長補佐）

　コメント　　『J-BISC』について ································· 70
　　　　　　　遠矢　勝昭（日本図書館協会出版・ニューメディア事業部長）

　質疑応答 ··· 71

閉会挨拶　　那須　雅煕（国立国会図書館図書部図書整理課長）·········· 75

開会挨拶

大竹光治
（国立国会図書館図書部長）

　図書部の大竹でございます。よろしくお願いいたします。
　本日はちょっと肌寒い陽気になってしまいましたが、皆様、ご参集いただきまして、ありがとうございます。また、このご案内をさし上げたところ、多数の方々から希望が寄せられまして、同一の機関等で複数の参加者を予定されたところには一人に調整させていただきました。その点に関しておわびするとともに、また、参加していただけなかった方によろしくお伝え願いたいと思います。
　さて、この会議について、趣旨のようなものを経緯も含めてご紹介したいと思います。当館の大状況というところですが、もう報道等でご承知かと思いますが、平成14年に国立国会図書館関西館（仮称）の開館が予定され、国際子ども図書館も全面開館し、それから平成15年の本館の改修等、施設面での状況がございまして、これに対応するために検討体制をつくり継続していたところ、平成9年に検討も本格化し、今、拍車がかかっているところです。
　それに対して小状況と言ってはおかしいのですが、整理部門をどのように再構築していくかということも同じく検討がなされてきました。その結果、「書誌データ整備基本計画」というものを策定しまして、この基本計画にのっとって、実施計画を作成しているところでございます。基本計画では書誌調整というものを重要視すると言っておりますので、実施計画を先取りする形で書誌課に書誌調整の権能を付して、鋭意取り組んでいるところです。
　現在の整理部門は、平成14年度以降、書誌部という組織に新しく生まれ変わります。そうしまして、国立国会図書館全体もそうですが、書誌部門も目標は図書館サービスの高度化であり、システムの構築であり、組織運営の効率化と、図書館界では同じ目標だと思いますけれども、それを掲げております。そういう中で、書誌の世界では、館内調整は館内のことですからそれでよろしいかと思いますが、国内の状況を見れば、当然書誌作成提供の機関も多々あります。また、当館も含め、書誌調整にはさまざまな課題がございます。そういうことを解決して

いく際に、組織、機関が必要だということはこの検討以前からあり、設置した例もありました。
　当館では、整理部門での大きな事業化を実施する場合とか問題があった場合に、公聴の体制として、書誌連絡会やＪＡＰＡＮ／ＭＡＲＣの審議会等の外部のご意見を聴取するシステムも、その時々にはつくってまいりました。しかし、これからの時代にそのままでよろしいかということでいえば、恒常的な機関で、この書誌調整連絡会議というような協議体を設置したい、これが今回実りまして、第１回を開く形にこぎ着けたところです。これは常置の機関ですから、我々にとっては非常に心強いものであると考えております。
　運営に関しましては、連絡会議という名称から実務的な課題を解決してお互い実りある成果を得るというようなところだと思いますが、今回は第１回ということもあって、記念する形にしたいと思い、テーマを設定し、永田先生、上田先生に講演をいただく、それから、当館から現下の状況について報告をする、こういうスタイルにいたしました。先ほども申し上げましたように、これは常置の機関ですので、今後、年１、２回開催していきたいと思いますので、今後ともどうぞよろしくお願いいたします。

第一部

電子資料の書誌情報

[講演]

目録規則の動向とNCR87Rの改訂について

永田治樹

(図書館情報大学教授)

　こんにちは、図書館情報大学の永田でございます。本日は、目録規則の動向と日本目録規則87年版改訂版の改訂についてお話しいたしたいと思います。

　そろそろ米国議会図書館（LC）の200年記念のシンポジウム・シリーズ[注1]が始まるようです。書誌コントロールに関しては来週とのことです。当初、このプログラムを見まして、失礼ながら、つまらなさそうな会合と思っていました。しかし、エントリーが揃って、おもしろくなりました。まず、以前カリフォルニア大学バークレーにおりましたクリフォード・リンチ[注2]がディナー・スピーチをするということです。他の人々はフルペーパーが出ておりますが、相変わらず彼はフルペーパーを出してないようです。しかし、彼の場合、概要でも興味を引きます。

　情報を発見する手だては現在三つほどある。第1のものは、目録とか索引とか抄録であり、第3は書評とか、あるいは私どもがよく文献を見つけるのに使う引用文献リストなどで、これまでのおなじみのものである。2番目はというと、デジタルテキストをみつけるサーチ・エンジンといわれるものである。この2番目の動きは非常に進展が速く、情報発見の新しい技術として大きな可能性をはらんでいる。書誌コントロールを考えるとすれば、したがって、次の2点を踏まえておかねばならない。すなわち、書誌コントロールには目録規則や分類法や件名標目表の検討だけじゃなく、典拠ファイルのようなもの、つまり、膨大な統制されていない情報を関連づけるための基本的な道具を、必ず整備しておく必要があること、それとともに、WWW（ウェブ）を通じてだれもがいわば出版できるようになり、だれもがウェブを通じて膨大な情報にアクセスできるようになった、い

—7—

わば情報の民主主義的な状況を考慮に入れておくこと、である。

　このような趣旨のことが書かれていました。いかにもディナー・スピーチらしい話ではありますが、書誌コントロールを考えてゆくための問題の抑え方として、私も同意したいところです。

　さきほども申し上げたように、プログラムが紹介されたときには、AACR2 や LCSH や DDC、そんな言葉ばかり目に触れましたから、なんと旧態依然としたものかと思ってしまったのですが、随分現在では様子は変わっています。そして発表のタイトルを見てゆきますと、やたらメタデータという言葉が目立ちます。メタデータとは、ご承知のとおり、目録のようなものを指しています。しかし、二つの意味で目録よりも広い使い方をされる用語のように思います。２次情報は目録、索引、抄録といった類別がされますが、メタデータの意味にはそれらの全部を含みます。また、このような２次情報は、実は図書館界だけでなくほかの世界にもあり、ネットワーク情報資源の流通などの場面で急速に増えております。それらは、さまざまな名前で呼ばれていますが、メタデータです。業界を横断して、この言葉は使われているのであります。

　このメタデータについて、スライドのようにまとめてみました。

目録規則の周辺の動き

- セマンティックスの領域：
  ＵＲＩ、ダブリン・コア、ＧＩＬＳ、ＴＥＩのヘッダーなど
- シンタックスの領域：
  マークアップ言語（ＳＧＭＬ，ＨＴＭＬ，ＸＭＬ）、ＲＤＦなど

IFLA　メタデータ資源

書誌コントロールとしてわれわれはどんなことをしているかというと、タイトルや著者表示あるいは件名などの項目を選び、そしてカンマなどのディリミター（あるいはパンクチュエーションと言ってもいいですが）を付けてそれを並べ表現します。この書誌要素を選び、表現するという二つの段階を近年では分割して、

セマンティックス（注3）の領域とシンタックス（注4）の領域と呼びます。ここでもそのように呼び分けてみました。もちろん目録規則は大部分セマンティックスの領域に入るわけです。そしてドット・コム（.com）などとよばれる、皆さんがウェブを使うときのおまじないの部分、URL（ユニフォーム・リソーシズ・ロケーター）も、まずはセマンティックスの領域に入ります（ドットで区切るという作法はシンタックス）。これは、一意の名前である URN（ユニフォーム・リソーシズ・ネーム）や内容の情報を表す URC（ユニフォーム・リソース・キャラクタリスティック）と合わせて、URI（ユニフォーム・リソース・アイデンティファイア）というメタデータです。それから、ダブリン・コアとか GILS という地形情報のメタデータ、もともとは人文学のテキストを扱うグループの TEI（Text Encoding Initiative）の書誌的な処理をする部分のヘッダーなどもメタデータの例です。

　一方、シンタックスの領域としましては、一番よく知られているのはマークアップ言語の HTML でしょうか、これがなければウェブがデザインできません。また、SGML で文書をアーカイブするという話も聞かれますし、最近では XML（拡張マークアップ言語）という新しいマークアップ言語も出てまいりました。

　ダブリン・コアというのは、単に 15 の書誌的な項目をリストアップしただけのものです。それを使う段になりますと、シンタックスで表現しなければいけない。そのために、RDF：Resource Definition Framework、つまり「情報資源を記述する基準」ができています。RDF を使って各項目を表現し、さらにそれを XML に乗っけて（コード化し）使おうというのがダブリン・コアを支持している人たちの意図です。また、Z39.50 はある意味ではそうしたシンタックスを調整するものと位置付けられます。現在、書誌コントロールの議論は、メタデータという広がりでもって、またこのような二つの領域に区分され、それぞれ非常に活発に実質的に展開されております。

目録の位置付けと規則改訂の動き

90年代前半の無風状態から、急遽抜本的な見直しへ
・IFLA の動き
・AACR JSC の動き
・その他

　目録規則の状況はといいますと、90年代の前半は無風状態であったといっていいでしょう。しかし、今では状況が大きく変わってしまいました。無風状態というのは、パリ原則[注5]とISBD（国際標準書誌記述）[注6]があって、そしてそれに基づくAACR2（英米目録規則第2版）やNCR87（日本目録規則87年版）ができた。しばらくは、このままで行けるのではないかという認識です。
　けれども、例えばNCR87を見てみますと、カード目録の残滓が散見されます。したがって、いずれ変えなければならないのです。ただ、規則は変更するとなると図書館の現場への影響が大きい。改訂はそんなに簡単にはできません。ですから、改訂はしなくてはいけないという認識はあるのですが、慎重に構えて行くことになります。とりあえず、私どもは、第9章だけは少し変えておこうということで、この仕事を引き受けました。第9章を変えようとしたのはなぜかというと、ネットワーク情報資源を中心とする、いわゆるリモートアクセスの資料がNCR87では扱えなかったからです。AACR2も、コンピュータ・ファイル用のISBDであるISBD(CF)もすでにできておりましたが、87年版改訂版（NCR87R）になってもわれわれはそれをしていなかった。そしてこの仕事はほぼこの部分だけの対処のつもりで着手しました。しかし、当初の目標をはるかにこえて、この改訂作業は大きなものとなりました。
　国際的な動きにおいても、"AACR3は必要ないだろう"といった認識があり、同じように当面の課題に対処するだけのプロジェクトが根本的な問題にまで及んで行きました。IFLA（国際図書館連盟）は、当初全国書誌の不可欠なデータ

のセットを固めるというねらいで、これまでの書誌コントロールの見直しを始めました。単に書誌情報のエッセンシャル・ミニマムを再確認すればよいだろうと考えていたのだろうと思います。しかし、その結果作成された『書誌記録の機能要件』("Functional Requirement of Bibliographic Record.")[注7]という報告書は、書誌コントロールの抜本的な再整理となりました。

IFLAの動き

ISBD(Electronic Resources), 1997.
『書誌記録の機能要件』(Functional Requirements for Bibliographic Records. Final Report, 1998)
その他のISBDの改訂の動き(逐次刊行物等)

また、ISBD(CF)の方も、これは5年ごとの見直しというルーチンだったのですが、やはり基本的な問題の検討を余儀なくされ(スライド上の年号は前後していますが、『書誌記録の機能要件』と大体同じ頃作業が進められました)、タイトルもコンピュータ・ファイルから、ISBD(ER)[注8]、すなわち電子資料(Electronic Resources)のISBDに変更されました。

　こういう動きを見ていますと、事態が展開したのは、目録規則など書誌コントロール内の動きによるのではなく、外的な力によるものだとわかります。90年代の半ばから後半にかけての非常に急激な状況変化がなんだったのかといえば、それは電子資料の普及です。電子資料一般ではなく、情報ネットワークとそれを通じてやりとりされる電子資料のインパクトです。その最たるものはウェブの普及です。ウェブを通じて情報が極めて容易にやりとりできるという状況が生じ、それにどのように対応するかが一番大きかったと思います。また、その変化は急速だったのです。例えば、95年の段階でISBD(CF)の改訂版が出て、われわれのNCR87R第9章の改訂は、この改訂版に合わせて改訂し「図書館雑誌」[注9]に発表しました。しかし、そのときすでに、ISBD(ER)が出ていたというような速いテンポでした。また、CFからERの改変の課題はというと、スライドの①から

④までに示すところです。そのうちで、特に3番、4番が非常に重要な、目録規則の根幹に関わる問題を提起したと私は思います。

ISBD(ER)

① インタラクティブ・マルチメディアの出現
② 光学技術の進展
③ リモート電子ファイルのアベイラビリティの増大
④ コンピュータ・ファイルの複製の問題

『書誌記録の機能要件』は、書誌記述だけじゃなくて主題を含む書誌コントロール全体を実体関係モデルで分析したものです。利用者が資料を見つける(find)、識別する(identify)、選ぶ(select)、そして入手する(obtain)という観点から分析しています。これまで私どもはこういったことを想定して目録を考えていました。だが、もう少しおおざっぱに考えていました。この分析では、電子資料の出現を組み込んで、これまでのwork（著作）やitem（個別資料：記述対象）だけでなく、その間にexpression（表現形）とかmanifestation（実現形）といった概念を挟み、書誌的な実体というのは何なのか、それらはどのように関係し合っているかを詳細に分析して、その結果を提示しております。

IFLAの動きと並んで、AACR改訂合同運営委員会（JSC: Joint Steering Committee for Revision of AACR）の動向も騒がしくなっております。AACRは今ではイギリスとアメリカだけではなくて、カナダやオーストラリアを含んだ国際的な規則であり、合同運営委員会が構成されています。その中で、デルジー[注10]らが、『書誌記録の機能要件』をベースにして、AACRの論理構造を再度分析[注11]しております。

AACR JSCの動き

- Delsey, Tom et al.『AACRの論理構造』(*The Logical Structure of the Anglo-American Cataloguing Rules. Part I-II. 1998-1999*)
- Hirons, Jean『逐次性を収容するためのAACR2の改訂』(*Revising AACR2 to Accommodate Seriality. Report to the Joint Steering Committee for Revision of AACR. 1999*)
- 第9章の改訂

重要な点を四つほど拾っておきますと、まずは資料の種類についてであります。従来の目録法における資料の種類の枠組みが電子資料という新しいものをうまく組み入れるであろうかという問題です。現在の目録規則では、資料の種類は知的な内容、物理的なキャリア、あるいは出版物の形態、さらには刊行か非刊行かの区別といったものを並列しています。基盤的な情報のメディアとして電子資料が出てきたことによって、この問題を見直さなくてはなりません。当面はISBD(G)^(注12)によるということになっていますが、いずれ、もう少し細かく議論されるところでありましょう。

2番目は、物理性という問題であります。電子資料の場合も、目録規則の論理展開は文書（ドキュメント）の概念に内在する物理性によって制限されるかという話です。物理性とは、書誌記述は資料の物理的な形態を基盤に作成されるということです。これは、AACR2の目録記述は0.24という条項^(注13)に示されています。しかし、この原則が電子資料を対象にしても可能なのかが問題です。電子資料というのは、例えばウェブ・ページをとるときに、ウェブ・ページはリンクを張った先のどこまでが固有の領域なのかという話になってきたりします。

それから、刊行と非刊行の問題であります。差し当たり、電子資料についてはネットワーク上に出ているものは一応刊行とみなすというようなことでやっておりますが、今後、どういうことになりましょうか。パブリケーションというのは一体どういうものなのかという議論であります。

そして、4番目が逐次性（Seriality）という問題です。逐次性という言葉でい

いのかどうか、とりあえず逐次性と言っておきます。3年ほど前、アメリカのある大学図書館に訪問したとき、電子テキストのアーカイブをつくっているところで、どのように目録をするのかと聞いていたところ、オンゴーイング・パブリケーション（Ongoing Publication）という耳なれない言葉を聞きました。オンゴーイング・パブリケーションというのは現在進行中のパブリケーションで、これまでの資料でいえば、逐次刊行物だけでなく、ルーズリーフなどが入ります。電子情報には実際、ルーズリーフみたいなものがいっぱい出てくるわけです。データベースもそうですし、あるいはウェブ・ページでもそうです。情報が更新されて、前のものにとって代わって行くものです。こういう広い概念で、資料をつかまえ直さざるを得ないところに来ているということであります。ヒロンズ[注14]の提案に詳しいところです。

次のスライドは、そのヒロンズの提案『逐次性を収容するためのAACR2の改訂』[注15]の中に出ている図です。

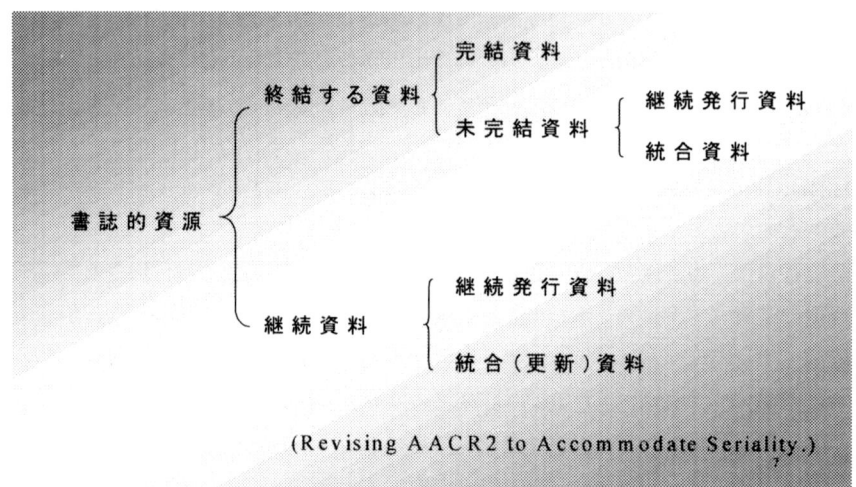

(Revising AACR2 to Accommodate Seriality.)

書誌的資源というのは、刊行が終結してしまう資料と継続する資料がある。後者がオンゴーイングであります。ただ、オンゴーイングという用語は現在余り使われていなくて、コンティニュイング（Continuing）と呼ばれています。ファイナイト（finite）とコンティニュイングです。ファイナイト、終結する資料にはコンプリート（Complete）とインコンプリート（Incomplete）という二種類のものがあります。アメリカンフットボールのパスみたいですけれども、コンプリー

—14—

ト、つまり完結する資料とは、単行本などです。インコンプリート、つまり未完結資料は継続発行のもので付録が続いていくような資料、それから一部のルーズリーフ、つまり終結することを予定して刊行されるルーズリーフが入るとします。一方、コンティニュイング、つまり継続資料では、逐次刊行物が典型的です。それから、統合資料として先ほど来、紹介しておりますルーズリーフの大部分、データベース、ウェブ・サイトが入るとします。どのあたりで逐次性の線を引くかは、現場での処理の問題を考えねばなりませんから、難しいところです。ともあれ、これがAACR2改訂の新たな提案です。ISBD(S)やISSNセンターの動きもこれと大体同じ方向で改訂される見込みです。

ＮＣＲ８７Ｒの改訂

- 基本的な問題
  content vs. carrierなど
  ドメイン知識的な部分とタスク知識的な部分
- ＮＣＲの問題として
  章相互関係（特に、総則と9章、13章）
  第9章・13章の改訂
  （リモートアクセス資料、継続資料・統合（更新）資料）

最後に、日本目録規則改訂版の改訂の動向について触れておきます。現在の87Rの改訂をしようとすると、種々の基本的な、かなり難しい問題が出てきます。先ほど申し上げたように、そろそろ全体的な見通しを設定する時期には来ているようです。今のところ、第9章で少し方向を変え、次いで第13章でも改訂を積み上げ、そして全体の改訂に進むという工程が必要だと考えています。なぜかといいますと、基本的な問題がいくつもあるわけです。さきほどデルジーの話で申し上げたような、例えば、コンテンツ・バーサス・キャリアといった物理性の問題や、逐次性の問題などがあります。

他方、規則の実際的な位置付けの問題があります。知識ベースの議論では、現実をあるがまま知識化したものをドメイン知識といいます。目録におけるドメイ

ン知識的なものは、例えば書誌実体がどのように構成されているかを把握し体系的に整理した『書誌記録の機能要件』のスキームなどですが、このモデルをそっくりそのまま規則として運用するとなると、難しい問題が出てきます。例えば、ある領域は非常に対象数が多いが構造は単純であり、他方、別の領域は非常に対象数が少ないが複雑であるという場合があります。この状況を考慮せずに設定した規則に沿って作業をすると、対象数の少ないものに大きな力をかける、いささかバランスを欠く場合が出てきます。やはりケースの少ない方はそんなに詳しくしないでいい、もっと大もとをきちんと捉えてしておこうという態度が出てきます。このような問題解決に関するものをタスク知識といいます。書誌作業での、タスク知識的な部分とドメイン知識的なものと両方をうまく組み合わせていかなければいけないのであって、ドメイン知識的なオントロジー（概念体系の明示的な記述）を規則化するのでは済まないのです。電子情報に関してはこういった点がまだみえません。

　さらに、NCR87 独自の問題もあります。その第一は、書誌階層です。また、それと絡んだ個別記入といった問題があります。それらを解決するためには、広いパースペクティブをとり、順次作業を進めねばなりません。現委員会では第9章について私どもはリモートアクセス資料を入れようというところから始めて、目録法のさまざまな問題を可能な範囲で9章に盛り込んだと考えております。13章はまだこれからの作業ですから何とも言えませんが、先ほど紹介しました継続資料や統合資料（この用語は適切な名称ではないという意見が委員会で大勢を占め、さしあたり「更新資料」と呼んでいる［補足］）の観点を入れていかざるを得ないと思っております。

おわりに
'Portalog'（Sarah E. Thomas）

包括的なツールの確立

目録とウェブ・ポータル（Web Portal）の統合を目指して

　私どもはこれまで目録を使って情報を探してきました。しかし最近では情報・資料を探すときには、目録を使うこともありますが、多くの人はウェブを使うでしょう。情報を発見するのに、ウェブを使わないではやって行けないという状況になっています。目録の情報は、しかるべき規格に則っており、それなりに安心できます。しかし、対象は限られています。図書館以外の世界のものは入っていないわけですね。一方、ウェブの方は非常に範囲が広い。そして、地球規模の範囲で情報を引っ張ってきてくれるし、何よりも大変手軽でいいです。しかし、必ずしもその信頼性は高くはありませんし、ぴったり探索できません。今後、情報の発見・入手には、両方がそれぞれの利点を生かし、欠点を補い合ってくれるといいというのがわれわれの正直な願望だと思います。最近は、ウェブ・ページをウェブ・ポータルというようになっています。そのポータルの後ろにカタログをつけてポータログという造語をセアラ・トーマス[注16]という人が使っていました。セアラ・トーマスについては、議会図書館のシンポジウムのスピーカーとして参加しておりまして、スピーチ内容のフルテキスト[注17]がウェブに掲載されておりますから、それを参照ください。

　情報が電子化されてあふれる中、このような方向で書誌コントロールができれば、「情報の海」の中でおぼれないのではないかと思っております。目録委員会でも、それに見合う、目録データやメタデータを作成・集積し、利用に供するようなシステムを図書館が提供できるための基準を作りたいと考えております。

注1. 米国議会図書館200年記念シンポジウム
Bicentennial Conference on Bibliographic Control for the New Millennium
http://www.loc.gov/catdir/bibcontrol/

注2. Clifford Linch
2001年3月現在 Coalition for Networked Information の Executive Director を務める。

注3. セマンティックス
意味論（言語学用語）。ここでは書誌レコードにどのような内容の書誌要素をどのような基準で記録するかの意。

注4. シンタックス
統語論（言語学用語）。ここでは書誌要素をどのような形、構文で記録するかの意。

注5. パリ原則
1961年パリで開催された国際目録法原則会議において採択された、主として「標目」（ヘディング）の形式と選択に関する原則。目録の機能・構成や、「記入」などに関する12の項目の覚書から構成されている。日本目録規則1965年版は、これに基づき制定された。

注6. ISBD
国際図書館連盟により作成・管理されている書誌記述の作成基準。1971年に最初の単行書用ISBD(M)が公表された。日本目録規則新版予備版の記述は基本的にはこれに則り制定された。その後、逐次刊行物用 ISBD(S)が続き、さらに全体の枠組みを示したISBD(G)が1977年に公表された後、古典籍(A)、地図資料(CM)、非図書資料(NBM)、楽譜(PM)や電子資料(ER)などが公表されている。また、現在ではそれぞれのISBDは5年ごとに見直されている。

注7. 書誌記録の機能要件
IFLAの研究グループ（1990年ストックホルムの書誌レコード・セミナーで組織）が作成した情報技術革新後の新たな状況における書誌レコードが果たす機能の把握を試みた報告書。①利用者のニーズに適合する書誌レコードのデータの構造的な枠組みと、②全国書誌作成機関で作成されるレコ

ードの基本レベル要件が明確にされた。

　　　http://www.ifla.org/VII/s13/frbr/frbr.htm
注 8 ． ISBD(ER)
　　　http://www.ifla.org/VII/s13/pubs/isbd4.htm
注 9 ． 図書館雑誌
　　　Vol.92 No.5,1998.5,p389-391、　Vol.93 No.11,1999.11,p936-937
注 10． Tom Delsey
　　　2001年3月現在、カナダ国立図書館に所属し、近々Corporate Policy and Communications の Director General を務める予定。
注11． AACRの論理構造の再分析
　　　『AACRの論理構造』
　　　The Logical Structure of the Anglo-American Cataloguing Rules. Part I-II. 1998-1999
　　　http://www.nlc-bnc.ca/jsc/docs.html#logical
注 12． ISBD(G)
　　　General International Standard Bibliographic Description
　　　http://www.ifla.org/VII/s13/pubs/isbdg0.htm#0.3
注 13． AACR2の条項 0.24
　　　以下に主要部分を『英米目録規則　第2版　日本語版』から引用する（後にこの条項に施された改訂は字句の範囲に留まっている）。

　　　　0.24
　　　　第1部を使用する際の基本原則は、物としての資料の記述は、まず第一に当該資料の属する資料の種別を扱う章に基づくべきである、ということである。例えば、印刷された出版物のマイクロ形態は（第11章の規則を用いて）マイクロ形態として記述するべきである。（中略）要するに、記述の出発点は手元にある資料の物的形態であって、その著作が出版されたもとの形態でも、以前にあったどのような形態でもない、ということである。

注 14． Jean Hirons
　　　2001年3月現在、米国議会図書館に所属し、CONSER Coordinator を務める。

注15. 逐次性を収容するための AACR2 の改訂
Revising AACR2 to Accommodate Seriality. Report to the Joint Steering Committee for Revision of AACR. 1999
http://www.nlc-bnc.ca/jsc/ser-rep0.html

注16. Sarah Thomas
2001年3月現在 Cornell University の Olin Library に所属。

注17. 米国議会図書館 200 年記念シンポジウムでのスピーチのフルテキスト
http://lcweb.loc.gov/catdir/bibcontrol/thomas.html

[報告]

国立国会図書館における電子資料への対応

横山幸雄
（国立国会図書館図書部図書整理課課長補佐）

1. 納本制度の改正

　納本制度の改正については、既に国立国会図書館月報等でご存じの方も多いと思います。この納本制度改正を受けて、関係法規類の整備、さらに整理に関する具体的な基準、マニュアル等の整備を行ってまいりました。

　まず納本制度の改正ですが、平成9年1月22日に国立国会図書館長の諮問機関として納本制度調査会が設置されました。調査会は6回の会議を行い、平成11年2月に「21世紀を展望した我が国の納本制度の在り方－電子出版物を中心に－」という答申を出しています。

　答申の結論は3点あり、パッケージ系の電子出版物は網羅的に収集するというのが第1点です。第2点は、収集した資料の利用に際して関係者の便益の均衡を図る必要があるという指摘です。3点目はネットワーク系電子出版物への言及ですが、ネットワーク系電子出版物は納本制度による収集の対象とはせず、必要なものは契約によって収集すべきである、とされています。

2. 関係法規類の整備

　この答申を受けて、当館は関係法規の整備に着手し、平成12年4月7日付の国立国会図書館法改正に至りました。（施行日：平成12年10月1日）

　館法改正により、第24条第1項に第9号が追加され、電子出版物が納本対象であることが明らかになりました。第24条第1項は納本すべき出版物の種別を示している条項ですが、第1号は通常の図書、第2号は小冊子、以下、逐次刊行物、地図等、納本すべき出版物が列挙してあります。改正以前はここに電子出版物を示す文言が存在せず、納本の対象外だったわけです。なお、追加された第9

—21—

号の内容は、「電子的方法、磁気的方法その他の人の知覚によつては認識することができない方法により文字、映像、音又はプログラムを記録した物」となっています。

　館法の改正を受けて部レベル、課レベル、係レベルの規定を順次整備し、同時に施行することになりました。結果として、平成 12 年 10 月 1 日付で図書部図書整理課に電子資料整理係が新設され、電子出版物の中心的な整理を担う部署が誕生しました。

　電子資料整理係で扱う資料については後程 3.の(2)で具体的に触れますが、同係が設置された図書整理課は、『JAPAN/MARC』ないし冊子体の『日本全国書誌』に載る和図書、即ち当館への納本・寄贈・購入等の様々なルートで収集した和図書の書誌データを作成するところです。

3.パッケージ系電子出版物の受入から利用提供まで
(1)受入

　納本制度によって当館に納入される電子出版物の受入ルートは、多岐にわたっています。冊子体の図書の場合はかなりの部分が取次協会を通じて納入されますが、パッケージ系電子出版物の場合は3とおり、コンテント系、アプリケーション系及びゲーム系に分かれます。さらに、それぞれに関係団体が複数ありますので、どのルートで何がいつ納本されてくるかへの対応だけでも、受入担当者の苦労が窺えるところです。

(2)整理

　平成 12 年 10 月以降に納入された電子出版物の書誌情報を作成するために、整理基準の制定、目録規則適用細則の作成、分類表の改正を行いました。

<u>パッケージ系電子出版物の整理基準</u>

　今回整理基準を定めたということは、今まで基準が存在しなかったということでもあります。では、今までどうしていたのか。念のため申し上げますが、平成 12 年 10 月 1 日の改正納本制度施行によって初めて当館に電子出版物が入ってきたわけではありません。これまでも件数は多くありませんが、電子出版物の収集が行われています。それらは納本制度によらない寄贈や購入という形での収集で

すが、従来も電子出版物の書誌データ作成が行われていました。
　ただし、それまでのデータは、あくまで簡易なものでしかありませんでした。今回制定した基準で言えば「簡略整理」に相当するデータ作成を行っていたということです。具体例を御覧ください。

（図1）従来の書誌データ例

```
                                                    YH21-2028
科学技術白書　［電子資料］. 平成10年版　／
  科学技術庁編. － データファイル. － 東京：
  大蔵省印刷局, 1998.10. － CD-ROM1枚；12cm +
  説明書6p
  Windows 3.1
  Windows 95
  漢字トーク　7 以降
  ISBN 4-17-56920-X                          5500円
  t1.カガク　ギジュツ　ハクショ　a1.カガク
  ギジュツチョウ
  (JP:99033565)
```

　（図1）は『日本全国書誌』1999年14号（同年4月9日刊）に掲載されているデータですが、記述が簡素です。特に、システム要件に御注目ください。「Windows 3.1、Windows 95、漢字トーク 7 以降」という記述のとおり、科学技術白書の CD-ROM を利用するための必要最小限のデータが記録されています。また、標目もタイトルと著者1件のみ、NDC は付与せず、という簡単なデータを作成、提供していた次第です。

　この辺の経緯については、『全国書誌通信』No.102（1999年2月刊）で、「「日本全国書誌　図書・非図書資料の部」、JAPAN/MARC(M)等に掲載する非図書資料の書誌事項について」として示してあるとおりですが、その時点では、電子出版物は非図書資料として扱うこと、標目については簡易整理として扱うことのみが決まっていました。

　ただし、目録規則（『日本目録規則1987年版改訂版』、NCR）第9章の改正動

—23—

向を念頭に置き、その時点でも資料種別については「電子資料」という用語を用いてデータ作成、提供していました。NCRの旧第9章では「コンピューターファイル」を用いることとされていましたが、我々は目録規則の改訂を待たずに、平成11年から「電子資料」を先取りしていたことになります。

さて、平成12年10月1日からは新基準に沿ってデータを作成、提供していますが、その具体的な内容について説明いたします。

まず対象資料ですが、国内で刊行されたパッケージ系電子出版物の全てを扱うわけではありません。逐次刊行される資料のうち刊行頻度が年4回以上のもの、即ち季刊より刊行頻度が高いものは、この基準には拠りません。また、録音資料及び映像資料も除外されます。それらの資料については、当面この基準以外、別の方法で作成されることになりますが、その詳細は、今回の報告では差し控えます。

次に、整理区分、即ち対象資料をどのように区分して整理するかが定めてあります。区分は3とおり、一般、簡略、児童用に分け、データの詳細度を違えて整理することになりました。つまり、冊子体の和図書と同様に、詳細度を分けること、グルーピングすることによって、より効果的、能率的に整理が行え、かつ利用者にとっても過不足ないデータの提供が行えることになります。

まず一般整理ですが、和図書と同様、一般整理についてはある程度詳細なデータ、充実したデータの提供を心がけています。

簡略整理は、一般整理ほどデータを詳細に作成しなくてもよいと判断した資料について、簡略なデータを作成するものですが、具体的には4種類が該当します。

第1は和図書整理基準の準用ですが、試験問題集や学習参考書の類です。

2番目に、ゲーム系資料についても簡略なデータ作成に留めると決めました。

次に、アプリケーション系資料です。目録規則ではアプリケーションプログラムという広い概念の中にゲームが含まれていますが、当館では、納入ルートの違いや、利用上の取り扱い方の相違があり、ゲームとそれ以外のアプリケーションプログラム（アプリケーション系資料）を分けて扱っています。この、ゲーム以外のアプリケーションプログラムについても、簡略整理を行うこととしました。例えばワード、エクセル等の資料が納入されてきた場合、それらのパッケージ系ソフトウエアについては、簡略なデータ作成、簡易な資料整理に留めることになります。

さらに、簡略整理の4番目は、ゲーム系、アプリケーション系以外の内容を有する資料、文字情報、画像情報、音声情報等の内容を持っている資料、即ち、いわゆるコンテント系資料のうち、説明書が添付されていないものです。つまり、資料の外見から入手できる文字情報、書誌データを作成する際に参考となる文字情報が少ない場合は、簡略整理とせざるを得ないということです。

　整理区分の第3は、児童用資料、国際子ども図書館での利用を想定した資料です。児童用として、おおむね18歳以下の者を対象とする資料が該当します。ただし、簡略整理に区分されるものは除かれます。

　以上、3つの整理区分それぞれについて、どこまで記述を行うのか、標目を付与するのかについて、より具体的な整理要領も定めました。

　まず、記述については、NCR第9章に規定されている第2水準、即ち標準レベルを適用し、さらに並列タイトル等、より詳細なデータ、書誌的事項を付加して記録することを定めました。標目は、タイトル標目と著者標目を付与します。

　一般整理では、さらに分類標目として『日本十進分類法新訂9版』(NDC) による分類記号を付与すると定めました。ただし、件名標目の付与は行っていません。

　簡略整理、児童用は、件名標目を付与しないという点で一般整理と同様ですが、主題データに関しては、NDCの付与も行いません。さらに、簡略整理資料では、タイトル標目は必ず付与しますが、著者標目は主たる著者1人だけを選択して付与することとし、一般整理、児童用に比べて詳細度が劣ることになっています。

『日本目録規則1987年版改訂版　第9章電子資料』適用細則

　このように整理基準を定めただけでは、目録は作成できません。目録規則適用細則が必要です。適用細則については、目録規則 (NCR) の改訂状況を把握しつつ、館内で並行して検討してきましたので、平成12年8月に『日本目録規則1987年版改訂版　第9章電子資料』が刊行されてから約1ヶ月強の検討で成案に至りました。

　ここでは概要の説明に留めますが、特に押さえておきたい点は3つあります。1つは版表示の問題、2番目は「電子資料の特性に関する事項」のうちの電子的内容に関して、3番目は注記、特にシステム要件について、以下順次ご報告します。

版表示については、「Windows版」のようなシステム要件に関わる語句と「版」という語句の組み合わせが目録対象資料に表示されているときに、どのように記述するかという問題がありました。この問題については、日本図書館協会で開催された「電子資料の組織化」に関する検討会（平成11年11月20日）において、当時の当館の方針を図書館協力部主任司書の児玉が報告しています。検討会では、当館の運用上、版表示はNCRの本則とは異なった扱い、即ち別法を採用している旨の説明がありました。その後、NCR自体の案文が改訂され、本則と別法の構成が変更された結果、当時の当館の運用（即ち現在の当館の運用でもあります）が、NCRの本則と一致することになりました。

　具体的には、NCR「9.2 版に関する事項」のうち 9.2.1.1（版表示とするものの範囲）でア）からオ）に内容が示されているとおり、電子資料の利用に必要な応用プログラム、オペレーティング・システムであることを表す特定の名称、「ウィンドウズ95版」や「WindowsＮＴ日本語版」等の語句について、本則では版表示とすることになっています。当館では本則を採用しており、「版表示として扱わない」別法は採用していません。なお、適用細則では、この件を含め、別法の適用／非適用の規定がなされています。

　次に電子的内容です。電子的内容は、目録規則の第3エリア「資料の特性に関する事項」中のデータエレメント（項目）です。このエリアにはもう1つのデータエレメントがあり、任意規定として「電子的な数量と大きさ」を記録してもよいことになっています。当館ではその任意規定を採用しておらず、「電子的な数量と大きさ」は当館が提供する書誌データには記録されません。

　電子的内容をどのレベルで記述するかについては、当館内での検討の結果、第2レベルの水準を原則としました。以前は第1レベル、例えば「データファイル」という用語を記録していたところが、第2レベルでは、中身がテキストであれば「テキスト・データ」と記録することになります。ですから、（図2）にあるとおり、平成11年版の科学技術白書については、平成10年版（図1）と違い、「テキスト・データ」という電子的内容が記述されています。

(図 2) 平成 12 年 10 月以降作成の書誌データ例

```
                                        YH231－1
科学技術白書　［電子資料］：科学技術政策の新展開―
国家的・社会的な要請に応えて．平成 11 年版　／
科学技術庁編．－ テキスト・データ．－ 東京：
大蔵省印刷局，1999.10．－ CD-ROM1 枚；12cm ＋
説明書 6p
Macintosh
OS は漢字 Talk 7.1 以降
CD-ROM ドライブは 2 倍速以上
表示色は 256 色以上（256 色又は 32,000 色を推奨）
空きメモリは 8M バイト以上
MS-Excel 利用の場合は別途空きメモリが必要
Windows
日本語 MS-Windows Ver.3.1・95・98
CPU i486DX/33MHz 以上（66MHz 以上を推奨）
メモリは 8M バイト以上（16M バイト以上を推奨）
CD-ROM ドライブは 2 倍速以上
表示色は 256 色以上（65,000 色を推奨）
ISBN 4-17-569211-8                      5500 円
t1. カガク　ギジュツ　ハクショ　a1. カガク
ギジュツチョウ　Ⓝ402.106
(JP:20094388)
```

　3 番目、システム要件に話を進めましょう。以前は「Windows 3.1、95、漢字トーク 7」のように簡単な記述でしたが、現在は（図 2）のように詳しくなっています。適用細則では、システム要件は「改行なども含めて情報源に記載されている順序で記録する」旨、当館独自の運用を示してあります。

　（図 2）を御覧いただくと、「Macintosh」については、「OS は漢字 Talk7.1」以上で、「CD-ROM ドライブは 2 倍速以上」、「表示色は 256 色以上」で、推奨がどうだこうだと詳細に書いてありますが、これらをどこまで書くべきかについ

ては、今後、事例が蓄積した段階で検討すべきと考えているところです。例えば「推奨」という語句を書く必要があるのかどうか、データ量の問題からいってもかなり大きなことかと思います。逆に、これを削ってしまったがために利用の際に問題が生じても困ります。今記録しないでおくことには若干躊躇するものがある次第です。

電子資料一般の問題として、5年後、10年後、果たして図書館での利用提供が引き続き可能なのどうか、一方、書誌情報としては、万が一資料が利用できなくなったとしても、情報として必要なことがあるかもしれません。現在は、まだ判断を下せる段階に至っていないため、とりあえずのところは漏らさず記録することにしています。ですから、注記については、簡略整理の資料であっても、かなり膨大なデータを記録することが予想されます。

なお、適用細則は、全体的に和図書の基準を準用、援用しています。特に各巻タイトルに関する規定、物理単位での記述等、今まで『JAPAN/MARC』で御利用いただいている和図書書誌データと共通の基準でデータを作成していることに御留意ください。

（図2）を御覧いただいたついでに、整理基準の補足説明をさせていただきます。最後の方にⓃと書いてありますが、これはNDC第9版による分類記号が「402.106」であることを示しています。以前はNDCを付与していませんでしたが、平成12年10月以降整理分のうち、一般整理に該当する資料は、分類記号からの検索に対応できるようになったことがお分かりいただけると思います。

『国立国会図書館分類表』

3番目に報告すべきこととして、『国立国会図書館分類表』の改正があります。

改正前の分類表では、パッケージ系電子出版物の配架場所、即ち書架分類記号がほとんど用意されていませんでした。そのため、利用提供の観点から問題がありました。

(図3) 国立国会図書館分類表（新旧対照表：概要）

新	旧
YH　電子資料・機械可読資料　Electronic resources, Machine-readable materials	YH　電子資料・機械可読資料　Electronic resources, Machine-readable materials
21　磁気ディスク・その他の資料（単行資料） 　　　〔→YH111～YH525。平成12年10月以降は 　　　YH21は使用しない。〕 　31　磁気ディスク・その他の資料（逐次刊行資料） 　　　〔→YH111～YH527。平成12年10月以降は 　　　YH31は使用しない。〕 　111　議会・法令資料 　　　〔媒体によらず議会・法令電子資料はすべてここ 　　　に収める。ただし、視覚障害者用資料でもある 　　　場合はYH131に収める。〕 　131　視覚障害者用資料 　　　〔媒体によらず視覚障害者用電子資料はすべて 　　　ここに収める。〕 (151)　(児童用電子資料) 　　　〔→YHZ151。媒体によらず児童用電子資料はす 　　　べてここに収める。〕 　　　　フレキシブル・ディスク 211～227 　　　　CD-ROM 　　　　　単行和資料 231　　　　一般資料 233　　　　簡易資料 235　　　　試験問題集 237　　　　成人向け資料 239　　　　ゲーム 241　　　　アプリケーション・ソフト 245　　　単行洋資料 247　　　逐次刊行資料 　　　　DVD 251～267 　　　　MO 271～287 　　　　その他の媒体 511～527	21　磁気ディスク・その他の資料（単行資料） 　31　磁気ディスク・その他の資料（逐次刊行資料） 　111　法令・議会機械可読資料 　131　視覚障害者用資料 　　　〔媒体によらず視覚障害者用電子資料はすべて 　　　ここに収める。議会・法令電子資料であって 　　　も視覚障害者用電子資料であるものはここに 　　　収める。〕

（図3）を御覧ください。右側は平成12年9月以前の分類記号で、左側に10月以降適用の新分類記号が展開されています。「YH21」は10月以降使用しないことになり、例えば（図2）にあるようなCD-ROMについては、単行資料であるか、和資料であるか、さらに一般整理資料なのか、簡略整理資料なのか等によって、配架場所（保管場所）を分けることにしました。これは、資料の増加に伴い、媒体別の保管、利用提供が想定されるために、分類記号を媒体別に展開したということです。フレキシブルディスク、CD-ROM、DVD、MO、その他の媒体についてもCD-ROMと同様です。（図3）に示された記号は書架分類記号であり、書誌分類ではありませんが、資料の増加、利用提供の便宜を想定して分類表の改訂を行ったことは、ある意味で大きな改正かと思います。

(3)利用提供

　以上のように整理した資料の今後の本格的な利用提供について、関係各課では利用規則、例えば電子資料の中身をプリントアウトしたいときはどうするかとか、限定的にしか利用できない資料（例：ゲームソフト）の取り扱い等について、提供体制の整備を着々と進めています。当館では特別資料室、音楽・映像資料室、法令議会資料室、新聞閲覧室、科学技術資料室、官庁・国際機関資料室、参考図書室等にパッケージ系電子出版物の利用スペースがあり、それらの場所でどのように資料を提供するかという検討が進められています。また、国際子ども図書館及び視覚障害者図書館協力室では、利用者層が他の室とは異なるため、別個に検討が行われています。

4.その他

　最後に、ネットワーク系電子出版物の扱いに触れておきます。納本制度調査会の答申に、ネットワーク系電子出版物は納本制度の対象とはせず契約により選択的に収集する、とありました。どのネットワーク系電子出版物を収集すべきか、またその書誌データをどのように作成するか等について、現在検討が行われています。当館の電子図書館推進室と図書部とで設置したワーキンググループでは、書誌データとしてどういう水準、基準、内容のものを作成すべきかの検討が行われ、最近、報告書が提出されました。将来的には、ネットワーク系電子出版物も当館が提供する書誌情報、書誌データの範疇に入ってくるものと想定されます。

以上、『日本全国書誌　図書・非図書資料の部』ないし『JAPAN/MARC(M)』に収録されるパッケージ系電子出版物のデータ内容を中心に、当館における電子資料への対応について報告させていただきました。

[コメント]

国立国会図書館におけるネットワーク系資料への対応

中井万知子
(国立国会図書館総務部企画課電子図書館推進室長)

　先ほど、パッケージ系電子出版物の納本制度と整理基準等について報告しました。その際、ネットワーク系の扱いについては今後の課題ではあるとしましたが、別途電子図書館計画として進めているものがありますので、それについてご報告いたします。

　先ほど申し上げましたように、ネットワーク系電子出版物については、納本制度の答申の中では、その有用性を認識した上での選択的収集ということになっています。また、媒体を持たず、将来的にアクセスの保障ができないものであるという観点から、図書館として取り組んでいかなくてはいけないとの認識があります。

　その上に立ちまして、平成10年度に策定した電子図書館構想の中でネットワーク系電子出版物についても電子図書館のコンテンツとして収集し、組織化していくことを1つの柱としました。また、平成11年度には電子図書館の基本計画を作り、そこでもネットワーク系電子出版物について、収集し保存の対象としていくことを柱にいたしました。答申にもありますように、対象が非常に膨大であり、収集についても固定して納本していただくというのが難しいとの理由から選択的収集になっていることがありますが、手がかりとしては、どういう資源を集めるか、基本計画では対象をまずは絞る形で収集していくことにしています。まずは行政情報あるいは学術情報を対象として収集、保存し、それとともに書誌データを作成し、ネットワーク上にあるものについても統合的に検索できる手段を作っていくという計画です。

　先ほど、基準についてということで触れたと思いますけれども、ネットワーク系電子出版物を組織化していくときにどのような基準が必要かということが、館

内でもこの 2、3 年来問題になっていました。実際に取り組むに当たって、永田先生が先ほど述べられたメタデータを少し考えていこうということになりまして、平成 12 年 7 月に館内にワーキンググループを作り、メタデータを採用することを前提として、基準について検討しました。基準はやはりダブリン・コアとして、ダブリン・コアの ver.1.1 ということになりますが、さらに今年、qualifier（限定子）がダブリン・コア・イニシアティブから公表されましたのでこれを採用し、それに伴ってＲＤＦ（Resource Descriptive Framework）を採用していこうとの基本的な考え方で基準を作成いたしました。そして、メタデータの各要素、あるいは qualifier の種類、その記述方式等について、ある程度のものがまとまり、平成 12 年 10 月 31 日付でワーキンググループから電子図書館推進室に対して報告されました。この基準についても今後ご検証いただきたいと思いますのでこの機会を通じてお願いいたします。

　ＮＣＲについても、今回 9 章についてはリモートアクセスのものも対象にするということで、目録規則でもネットワーク系電子出版物が対象となることはあります。ただし、今回、電子図書館計画でネットワーク系電子出版物について集中的にデータ作成を行っていこうということ、またメタデータについて国会図書館としても取り組む必要があるということでこのような方針になりました。

　ただ、メタデータのデータベースをつくることが目的としてありますけれども、作成したメタデータを変換してＪＡＰＡＮ／ＭＡＲＣ、あるいは『日本全国書誌』へマッピングして投入していくルートを設けることを前提として考えております。ダブリン・コアは要素が 15 ほどしかありませんし、ＭＡＲＣはもっと細かいですが、ＪＡＰＡＮ／ＭＡＲＣへ収録していくべく方法を考えたいと思います。また、いろいろ論議がありますけれども、ネットワーク系電子出版物についても『日本全国書誌』へ掲載するような方向で、業務モデルを考えているところです。システム開発についても平成 12 年 10 月から取り組み、さらにどのようなネットワーク系出版物を収集していくかについては、今後、対象機関に対して調査を行っていきたいと思います。電子資料の作成状況、あるいは当館が収集していいものかどうかなどについて、行政機関、学術機関、図書館が中心になると思いますけれども、調査をさせていただくことになると思います。その時はご協力をどうぞよろしくお願いいたします。

[補足]

リモートアクセス、ローカルアクセスと電子資料の利用提供

永田治樹
（図書館情報大学教授）

　少し補足のような、あるいはちょっと気がかりなことがございましたので、発言いたします。

　ただいま中井さんの方から、国会図書館がネットワーク系の情報にも取り組まれて、その書誌情報を配布していただけるということで、大変うれしい、また、心強いことだと存じます。

　国立国会図書館での全国書誌では、電子資料をパッケージ系とネットワーク系とに分けて考えられています。私が発言した、目録規則では、電子資料に関して、パッケージ系とネットワーク系という区分を使わず、利用の状況を想定し、利用者がパッケージの出納を受ける場合にはダイレクトアクセスといい、そうでなく利用者用 PC からじかにアクセスできる場合をリモートアクセスの資料と整理します。実は、今日のお話には、わが国の全国書誌の話と目録の話とがありました。

　同じ電子資料を扱うのですが、両者では対象把握のフェーズが違っております。国会図書館では受け入れた資料の全国書誌を作成する際には、最終的な電子資料の利用を想定せず、目録規則を適用するとしても、自動的にパッケージ系はダイレクトアクセス、ネットワーク系をリモートアクセスという区分で目録を取られると想定されます。しかし、現在、コンピュータを簡単なハブでくっつけると直ちにネットワークができますから、パッケージ系の資料をサーバから提供することは容易です。そのように、他のコンピュータ（サーバ）からの利用を想定すると、パッケージ系であっても、リモートアクセスとなります。いいかえれば、全国書誌がパッケージ系とつかまえても、この場合図書館ではリモートアクセスとして記入がつくられねばなりません。目録規則の場合、利用のあり方を見ていま

す。したがって、全国書誌を、利用状況を踏まえずそのままコピーして目録として使いますと、こういう間違いが起こります。老婆心ながら、パッケージ系、ネットワーク系というものと目録規則上のリモートアクセスとローカルアクセスは違うということを強調しておきます。

　それともう一つは、NCR87の第9章、あるいはISBD(ER)のようなものをご理解いただいて、何とか現場でお使いいただきたいと願う理由を説明します。現在、図書館に参りますと、目録としてOPACが用意されているのですが、ほとんどの図書館では、その中に電子資料は含まれていません。恐らくパッケージ系のものは特別のところでサービスされ、また電子ジャーナルのようなものが使えても、それはウェブ・サイトにだけ乗っているという現状です。要するに、お客さんとしては、いくとおりか使い方がわかっていただかないといけないのです。はっきりいってこれは使いにくい状態です。お客さんの便宜のためには、探索するOPACにこれらをすべて乗せ、一挙に検索できるように配慮すべきです。その点、ぜひご理解いただいて、図書館の資料はそのすべてが、まずは目録に載っているという状態にしていただきたいと思います。

● 質疑応答 ●

Q: 「対象資料」の所に「逐次刊行資料のうち、その刊行頻度が年4回以上のもの」と書いてあることについて質問します。これはCD-ROMであれば、そのCD-ROM自体の刊行頻度と考えてよろしいかと思いますが、例えば同じ新聞のCD-ROMでも、朝日のように1年に1回のものと、読売のように毎月月次で出るもの、あるいは明治年間の読売新聞のように、一挙に40年間のものが1度に出たりすることもあります。そういった切り分けはそれぞれこの対象資料に従って分けるということになるのでしょうか。

A: パッケージ系電子出版物のうち逐次刊行物としてデータを提供すべきものについては、システム的な制約のため未だ提供できる体制になっていません。しかし、そのままだと、年鑑等の書誌データが未提供で具合が悪いので、刊行頻度が年4回以上か否かで扱いを変えることとしました。この場合の刊行頻度は電子資料としての頻度ですから、紙媒体の資料では刊行頻度が同じでも、電子資料としての頻度が異なればデータが提供されるか否かが異なることになります。

Q: 去年あたり、2年ぐらい前から『J-BISC』にも電子図書のデータが載るようになりました。それをダウンロードしてもう既に使い始めているのですが、それらは新しい規則に従ってもう一度作り直されるのでしょうか。それとも、今までのデータはそのままということになりますか。

A: 今回の整理基準制定以前に作成されたデータは、そのままです。再作成することはありません。

Q: 情報がどんどん年版、あるいは1年に2回という形で出されていても、判例大系などのように「ふえる一方のもの」と、現行法規のように、中身が消えたり、ふえたりという「差しかえられるもの」とがあります。そういったものの記述の違いというのは、どの要素のところにどのように書くようになるのでしょうか。

A: なかなか難しい問題です。図書整理課では、いわゆる単行書と同じような電子資料が中心で、御質問の事例に相当するものは扱っておりません。特に法令議会資料などに典型的な加除式資料に相当するもの、先ほどの永田先生のお話にあ

った「ongoing」ないし「integrated」の資料群の扱いは、これから詳細レベルの規定を作成することになろうかと思います。

第二部

全国書誌提供方針の改善

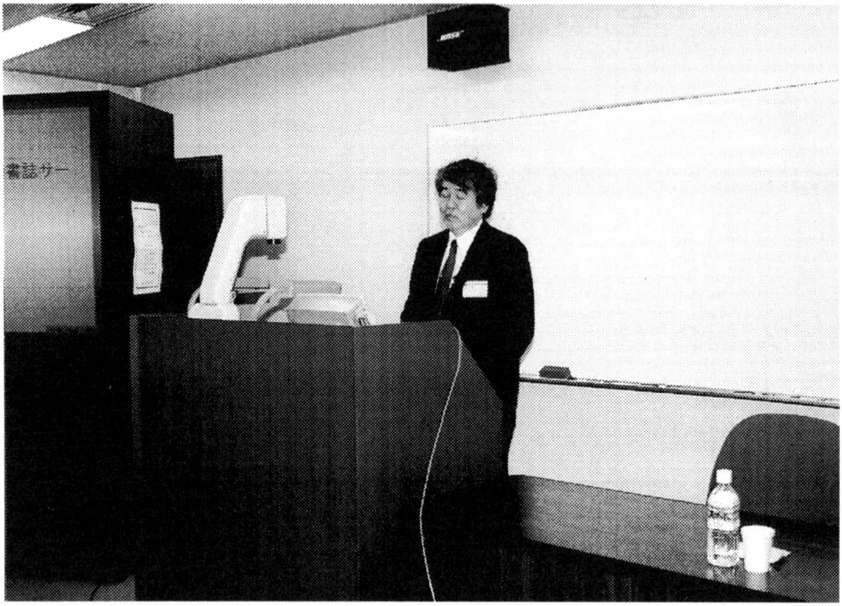
書誌サー

[講演]

電子情報時代の全国書誌サービスのあり方

上田修一
(慶應義塾大学教授)

　タイトルの「電子情報時代の全国書誌サービスのあり方」は，頂いた題ですが，題に中味が追いつくかどうか，とても不安です。

　さて，今日は11月10日です。大げさに言えば，20世紀は，あとわずか50日で終わるわけですから，大変押し詰まっているということになります。20世紀や21世紀，あるいはミレニアムといったものは，あくまで数え方で切りがよいというだけのことで，スタートがある還暦や創立50年などというものよりもさらに意味はないと言わなければなりません。20世紀も二つの大戦とソ連邦の消滅とで四つに分けるべきでしょう。

　20年ほど前から，21世紀はこうあらねばならないなどという議論が様々な分野でなされてきました。国立国会図書館のＷｅｂ－ＯＰＡＣで「21世紀」と入れますと，1982年頃からそういった本が大量に出るようになったことがわかります。ともかくも，今はだめだけれど，21世紀にはこうしましょうね，だからこれからはこうするべきですといった議論が花盛りでした。こうして目標を持つのは悪いことではないけれども，どうなっているのかわかりもしない未来から現在を見て評価するなどばかばかしい限りだと思っておりました。まさか21世紀を大不況の中で迎えるとは誰も想像しなかったでしょう。世の中というのは徐々にしか変化をいたしません。「2001年宇宙の旅」は1968年に作られた映画ですが，いまだに未来といった感じがします。あのような世界が突然に21世紀になって訪れるわけではありません。

　20世紀はこうだった，21世紀はどうなるというようなことに関しては一切かかわらないできました。ところが，ここに来て，21世紀のことは依然としてよく

わかりませんけれども，確かに20世紀は終わりつつあるのではないかと考えさせられることが幾つか起きてきて，世紀の変わり目というものはあるのかなと感じております。ここで取り上げられております書誌調整という分野に関しても例外ではありません。書誌調整に深く関わる団体として，オトレ(Paul Otlet)やラ・フォンテーヌ(Henri La Fontaine)らが始めた国際書誌学会（ＩＩＢ：Institut International de Bibliographie）の後継の国際ドキュメンテーション連盟（ＦＩＤ：Federation Internationale d'Information et de Documentation）がありますが，このＦＩＤが現在，解散の危機に見舞われております。この危機の直接の原因は，財政状況や運営にありますが，その背後には，活動の存立基盤が失われてしまったという現実があります。ＦＩＤの活動を支えていたドキュメンテーション団体が無くなってしまったのです。また，ＦＩＤの主要な活動は国際十進分類法（ＵＤＣ）の管理と普及でしたが，これは現在ではＵＤＣコンソーシアムとしてＦＩＤから切り離されています。このＵＤＣも利用は減っています。

　また，昨年，ショックを受けことがあります。Ｄｉａｌｏｇ社の日本の代理店だったＫＭＫディジテックス社が会社ごと富士通系のジー・サーチ社に統合されてしまいました。ほぼ四半世紀の間，オンラインデータベースサービスは，やはり20世紀中に発展した索引抄録サービスの作成するデータベースをコンピュータとネットワークを駆使して提供してきました。日本では，「サーチャー」と呼ばれる新しい職種まで生みました。このオンラインデータベースサービスの代表がＤｉａｌｏｇであり，ロッキード社が開発したシステムを使い，商用化し，その後ナイトリッダー社の傘下となり，現在はＤｉａｌｏｇ社が提供しています。日本では，1970年代末から紀伊國屋書店と丸善とが代理店として鎬を削っていましたが，1990年代の利用の急速な落ち込みから代理店がようやく1社にまとまったところでしたが，それも消え去ってしまいました。書誌データベース自体は残るでしょうが，それを取り巻いていた産業は20世紀のものだったようです。

　目録に関しましても，後で申し上げますが，大きく変わっています。この世紀の変わり目に図書館から離れつつあります。

　本題に入る前に，もう一つ「書誌調整」という言葉について触れておきたいと思います。これは，「bibliographic control」の訳語です。以前は，「書誌統制」といった言葉も使われていたようです。この言葉に初めて出会ったのは，今から

30年以上前のことで，前嶋正子さんがお書きになりました「書誌調整の歴史」(Library and Information Science. No.9, p.381-407(1971))という論文です。これは，前嶋さんが卒業論文として書かれたものをもとに論文としておまとめになったのですが，大変よくできていまして，コンラッド・ゲスナー(Konrad Gesner)，オトレ，ラ・フォンテーヌ，ジュエット(C.C.Jewett)らから国際書誌コントロール（UBC：Universal Bibliographic Control）にいたるまでを取り上げています。これを読んで当時，目を開かれる思いをしました。この論文の冒頭で，「bibliographic control」は，「書誌調整」というのだと書いてあります。その後，今，東京大学にいらっしゃる根本彰さんが「書誌コントロール」と言った方がいいとおっしゃり，結局，現在では文部省『学術用語集　図書館情報学編』（丸善）や『図書館情報学用語辞典』（丸善）などでは，「書誌コントロール」になっています。英語の「control」を日本語に置き換えるのは難しいので「コントロール」とすることになったわけです。片仮名では，意味がわかりにくいと思いますが，これでよいのだろうと思います。付け加えて言えば，根本さんは，『文献世界の構造』（勁草書房，1998）というこの分野で傑出した研究書をお書きになり，書誌コントロールを文献を扱う技術ではなく図書館活動まで含んだ広い活動の基礎概念として位置づけようとする壮大な試みをされ，また，書誌コントロールについて精密な議論を展開されています。

　余談ですが，この書誌調整という言葉は，かつて，学術情報センターのＮＡＣＳＩＳ－ＣＡＴの中では重複した書誌レコードを見つけて直すという，重要であるにせよ事務的な作業のことを指していました。幸いなことに，今は「レコード調整」に変わっております。

　書誌コントロールは一般に資料を識別して記録して利用可能な状態を作り出すための手法の総称と言われておりますけれども，単なる手法ではありません。オトレ，ラ・フォンテーヌをみれば，これは運動であり，また根本さんのおっしゃるように，考え方であり，バックボーンとみなすべきものと言えるかと思います。

　さて，これから，まずトピックを幾つかとりあげ，過去のことを少し申し上げて，それから現在と将来という話になります。

以下のような内容となります。

1　書誌情報への関心の高まりと衰退：トピック
　　a　オンライン書店とそのデータベース
　　b　大学図書館などでの独自のデータベース構築の動き
　　c　図書館の協力による索引誌作成の継続困難
　　d　取次と出版社における書誌データへの関心
　　e　図書館における目録と主題に関する関心の低下
　　f　WWW上のOPACの問題
　　g　標準化事業の行方

2　20世紀後半の書誌コントロール
　　a　国際標準化とUBC
　　b　データベースの登場
　　c　有料のオンライン検索サービスの登場

3　目録の書誌データ作成提供と書誌データベース事業の現在
　　a　分担目録作業と集中目録作業
　　b　図書館からの目録の知識の流出
　　c　国立国会図書館Web－OPACの意義
　　d　WWWによるデータベース無料提供の進展
　　e　データベース利用の増加

4　将来
　　a　目録作成の体制の見直し
　　b　国の事業としての書誌データ作成の意義
　　c　集中目録作業から分担目録作業へ
　　d　主題知識の確保
　　e　データベースの有料提供

1　書誌情報への関心の高まりと衰退：トピック

　まず，書誌情報に関して，一方では関心が高まり，一方ではかなり関心が低くなっているようであるというところから始めたいと思います。図書館の外では目録データに対する関心が高まっているが，図書館界では関心は低下しているようです。

a　オンライン書店とそのデータベース

　最近，オンライン書店が急速に増えています。これら日本のオンライン書店のデータベースとして，「ＢＯＯＫ」データベース（約60万件（2000年6月現在）），ＴＲＣ　ＭＡＲＣ，日本書籍出版協会（書協）のデータベースなどが使われています。「ＢＯＯＫ」データベースは，トーハン，日販，紀伊國屋書店，日外アソシエーツが作成しています。ＴＲＣ　ＭＡＲＣはよく知られているように図書館流通センター（ＴＲＣ）が作っています。ついでですが，こうしたところに「ＭＡＲＣ」という言葉を使うのは，本来は間違いです。国立国会図書館の「ＪＡＰＡＮ／ＭＡＲＣ」は，もちろん問題がありません。ＭＡＲＣには，国の全国書誌作成機関が作るという暗黙の前提があるのですが，日本では全く無視されて，目録データであれば何でもＭＡＲＣと呼んでいいと思われています。

　オンライン書店の代表格であるアマゾン・コム(Amazon.com)ができたときに，データベースとして何を使っているのかが気になっていたのですが，半年ほど前に訳されました『アマゾン・ドット・コム』（ロバート・スペクター，長谷川真実訳，日経ＢＰ社，2000）を見ておりましたら，そこに若干書いてありました。ご存じのようにアマゾンを設立したのはジェフ・ベゾス(Jeffrey P.Bezos)という人ですが，この人自身は本の世界のことはほとんど知らず，書店の経営もしたことがありませんでした。開店する1年ほど前に書店セミナーに行って勉強して，それからオンライン書店を1995年から始めました。その時，どこからデータベースを持ってきたかについて，この本では，『Books In Print』のものを使っていると書いてあります。この『Books In Print』のＣＤ－ＲＯＭを買ってきて，1回でダウンロードできるのが600件で，こつこつとダウンロードしていったということのようです。著作権から考えると気になるところです。

現在は，書籍取次のイングラム(Ingram)やベイカーアンドテイラー(Baker & Taylor)のファイルを使っているようです。ＵＳ／ＭＡＲＣも検討対象にしたようですが，ＵＳ／ＭＡＲＣには，翻訳書では「分類」としてあるんですが，これはおそらく「件名」のことで，件名という変なものがあって，この件名で探してもうまく探せないので，あきらめたなどと書かれています。つまり，書誌データに関しては何も知らないまま始めたことがわかります。

　こうして，オンライン書店は始まったわけですが，今ではどこもそれなりの書誌データベースを持っています。日本の場合は再販価格維持制度があって，値引き販売が難しいので，充実した書誌データベースを持つことがオンライン書店の生命線となっています。11月に始まった日本のアマゾン・コム(Amazon.co.jp)も「ＢＯＯＫ」データベースを使っているようです。結局，このように記述がしっかりしていて，収録点数の多いデータベースを使うことになります。

　このオンライン書店が使っているデータベースでは，目録データの他に，目次や内容紹介それに本の表紙の画像が収録されていて，これがオンライン書店で本を選ぶときに大きな助けとなります。さらに，アマゾン・コムや，ｂｋ１[注1]といったオンライン書店が特に熱心に集めているのは書評です。つまり，従来の目録データに加えてこうした目次や内容注記，それに書評や本の表紙の画像が必要とされています。これが目録における新しい展開ということになると思います。東大の「Book contents」[注2]というＯＰＡＣには，目次や内容注記が入っています。既にＪＡＰＡＮ／ＭＡＲＣの一部にも目次が入っていますが，ＯＰＡＣで目次中の語からも探すことができるなら主題探索を試みる利用者にとっては大きな恩恵となるはずです。図書館の利用者もオンライン書店のように検索結果にその本の表紙の画像がついていたらよいと考えるに違いありません。目録の将来と言えば，メタデータばかりが取り上げられますが，それは目録を管理する側の都合であって，むしろ一冊の本について豊富な内容を持ったデータベースが利用者に提供されることが次世代の目録として求められるように思われます。

　　ｂ　大学図書館などでの独自のデータベース構築の動き

　一方，大学図書館では独自のデータベースを構築する動きがあります。書誌ユーティリティができるまでは，大学図書館では独自に目録を作ってきました。し

かし，現在の共同分担目録体制のもとでは，個々の大学図書館は，ほとんど目録を作ることはなくなりました。ところが，一部の図書館は，図書や逐次刊行物以外のデータベースを作ろうとしています。これは，電子図書館の構築という流れの中で行われていますが，調査した限りでは，国立大学を中心に24大学で，紀要や学位論文などの書誌データベース，あるいは全文データベースを作っています。おそらくこうした機運は広がっていくだろうと思われます。これによって，個々の図書館が，いったんは失ってしまっていた書誌データベースを構築するという道が再び開けたという点が注目されます。

c 図書館の協力による索引誌作成の継続困難

しかし，こうした明るい展望はあるのですが，全体としては，図書館は書誌データベースから遠ざかっていってしまっているのが現状です。

これまで，対象分野を同じくする図書館の図書館員が分担して，書誌データベースや索引抄録誌を作るという活動が地道にまた熱心に行われてきました。例えば，経済文献研究会による『Joint』や法務図書館編の『法律関係雑誌記事索引』，経済資料協議会の『経済学文献季報』などです。ところが，『Joint』は1995年に，『法律関係雑誌記事索引』は1998年に終刊しています。『経済学文献季報』も印刷体としての継続は困難でしょう。こうした図書館や図書館員が協力して主題書誌をつくることが今や無理な状況となってしまっています。

経済資料協議会の『経済学文献季報』に10年ほどかかわっていましたが，その間に，大きな状況の変化がありました。この協議会は大学の経済学部や経済研究所の図書館の方々が分担して，経済学雑誌の雑誌論文の書誌データ作成と索引語付与を行い，データベースを作っています。ところが，図書館では人員が削減され，こうしたいわばボランタリーな仕事はできなくなりつつあります。その上，大学図書館でも配置転換が頻繁に行われ，知識や技術の集積ができにくくなっています。図書館以外の部署からの異動もあり，書誌を作ることは図書館員にとっては自明であっても，他の人にはなかなか理解できません。教員の書いた論文に，索引語を付与するのには抵抗があるといった意見も出てまいります。書誌的な知識や主題を扱う仕事ができない環境ができつつあるというのが実態だろうと思われます。

d 取次と出版社における書誌データへの関心

　出版流通の分野は，出版社と取次，それに書店から構成されています。図書館も含めれば，この中で目録や書誌に関して最も深くきちんと考えてきたのは図書館の世界であるのは確かなことです。ところが，日本では書籍取次が目録についても急速に力をつけてきました。大手取次は，1980年代にいち早く書籍のデータベース作成を開始し，徐々に質は向上し，今やほとんどの公共図書館は取次の作成した目録データベースを使っており，一部の大学図書館でも利用されています。取次は，本来は，商品である書籍の管理に用いるつもりだったでしょうが，公共図書館界を制覇し，さらにはオンライン書店の展開でも武器となっています。

　では，出版社はどうでしょうか。日本の出版社は，これまでコンピュータの利用には積極的でなく，在庫のデータベース化はなかなか進展せず，さらに目録にも無関心でした。例えば，図書館流通センターの広報誌に出ていた調査結果によると，1993年中にＩＳＢＮの付与に間違いが1.8％もありました。出版社が付与したＩＳＢＮは，100冊に2冊は間違っているわけです。ＩＳＢＮがなぜ生まれ，利用されているかを知っているなら，慎重になるはずですが，出版社のほとんどは，ＩＳＢＮに気を配っていません。アマゾン・コムは，1冊づつの本のページの管理にＩＳＢＮを使っていますが，なぜここでＩＳＢＮが使われるのかは，きっと日本の出版社には理解できないことでしょう。

　主要な出版社の集まりである日本書籍出版協会（書協）は，販売書誌である年刊の『日本書籍総目録』を作ってきましたが，1997年からインターネットで「Books」あるいは「Books.or.jp」[注3]という名の本の検索サイトを始めました。数年の間，日本の代表的な本の検索サイトとして推奨する方々が多かったのですが，なぜこれを奨めるのか不思議に思いました。当時でも紀伊國屋書店や丸善のオンライン書店のデータベースのほうが，はるかにデータの質は高く量も豊富でした。さらに，本を探すには，年に1回しか更新されないことは，大きな問題となるはずであり，現に『日本書籍総目録』はあまり役に立たず，また書誌記述にも問題がありました。書籍取次は，データベースに毎日，新刊書を追加しているのですから，年に1回しか更新しないデータベースに存在理由はありません。しかし，こうしたことも「Books」を運営する出版社の方々にはわからなかったよ

うに思われます。最近,「書協『Books』と出版社ホームページ」(本間広政,下川和男.日本エディタースクール出版部,2000)という本が出ました。この附録に「『書籍DB』用データ入稿マニュアル」がありますが,様々な入力担当者がいるので,目録規則のように詳しくできないのでしょうが,これだけでは現場では戸惑うだろうと思ってしまいます。

e 図書館における目録と主題に関する関心の低下

　一方,取次と図書館は,書誌データの作成の点では比較的高い水準を保ってきました。目録への関心度について,図書館を館種別にしますと,恐らく最も関心が高いのは国立国会図書館であることは間違いないだろうと思います。従来は大学図書館,特に国立大学の図書館の方々はとても熱心でした。NACSIS-CATの参加館の目録担当者の方々が入っているメーリングリストをみると,今でも大変熱心な方々がいらっしゃることがよくわかります。しかし,全体としては,目録への関心は薄れています。そして,今でも国立大学図書館が中心であり,公立や私立大学の図書館とは,かなり隔たりがあるようです。さらに,大学図書館に比べて公共図書館は,一段と関心の度合が低いようです。

　永田先生ら日本図書館協会目録委員会が国内の図書館 4000 館を対象として,整理業務とOPACについて悉皆調査をした結果が,1998 年に『「目録の利用と作成に関する調査」報告書』(日本図書館協会,1998)として刊行されています。この中に調査で使われた用語の問題について言及があり,「目録に関する基本的な事項がわからないとの多くの問い合わせは予想外であった。どのような規則を使っているかわからないとか,そもそも目録とは何のことかといった疑問がこれに該当する。これらはとくに公共図書館に多く見られた傾向である」(p.11)と述べられています。

　別の例をあげます。6,7 年ほど前に,自治省が図書館ネットワークに急に関心を持ち,いくつかの県で図書館ネットワークを作ろうとしました。この時に,ある県の県立図書館の大変熱心な管理職の方が,「目録規則とは何ですか」と発言されたことを今でもよく覚えています。多くの公共図書館では,他部門との人事交流のため,図書館業務を知らない職員が増えているといった事情があるにせよ,もはや目録は,図書館業務ではかなり低い位置にあり,一部の公共図書館で

は，目録という言葉さえなくても済んでいるということになるようです。

　書誌データと主題に関連する図書館業務として，選書と目録とレファレンスサービスとあります。この中で選書では，本を選ばなければなりませんから，もちろん主題というのにかかわり合いがありますが，書誌の知識はさほどいりません。レファレンスサービスも主題とかかわり合いがあります。書誌データと主題に最も強くかかわっていたのは目録業務ですが，これが縮小された結果，今のようなことが起こっているわけです。レファレンスサービスという利用者サービス業務でこれを補うことができるかといえば，それも疑問な状況です。大学図書館や公共図書館で，レファレンスサービスが活発に行われているわけではありません。また，インターネットのおかげで，レファレンスサービスの将来も明るくはないように思われます。レファレンスサービスはそれ自体で問題を抱えているのです。図書館で目録業務が縮小されてしまえば，書誌コントロールの知識は，確実に失われていきます。

f　WWW上のOPACの問題

　別のトピックです。WWWで公開されるOPACのことです。OPACの普及によって利用者が図書館目録を大変よく利用するようになってきました。利用者にはコンピュータアレルギーがあるはずなのに，意外なことです。カード目録の時代は，ほとんどの利用者は目録を使わなかったのに，OPACになったら急に大勢の利用者が目録を使い出しました。これは大学図書館でも公共図書館でも言えることです。公共図書館のOPACの前に列ができている光景をよくみかけます。公共図書館では，OPAC用のソフトウェアパッケージが導入されていて，この中に取次からきた目録データを入れればOPACは動きます。従って，図書館はOPACについて，それほど詳しく理解しているわけではないようです。大学図書館も似たような状況になってきています。

　現在，WWW上で提供されているOPACの多くを使ってみると，それぞれがかなり違ったシステムであることがわかります。それぞれのOPACが指定した通りに質問を入力しなければ，本来は所蔵している本を検索することができません。例えば，日本人の著者名の姓と名をつなげて，つまり姓名の間にスペースを入れない状態なら検索できるOPACもあれば，スペースを入れた場合だけ検索

できるOPACもあります。OPACには，このような様々なローカルルールがあり，こうなってしまったのは，図書館員やソフトウェアメーカーの人々の好みに過ぎないものが取り入れられてきた結果だろうと思われます。カード目録も決して利用者の行動を考えて作られたとは言えないものでしたが，どこかで利用法を覚えれば，それほど惑わずどの図書館でもカード目録を使うことができました。ところが，多くのOPACは目録利用者がどのようにして本を探しているのかは，ほとんど考えないで設計されていますから，WWW上で，並べて使うとそれぞれの不都合が目立ちます。目録規則に含むべきかどうかは議論があるでしょうが，OPACによる検索を前提とした規則も必要だろうと思います。

g 標準化事業の行方

最後のトピックは，これに関連して標準化です。これまで，「ISO TC46 情報とドキュメンテーション」に永く関わってきました。ここでは，翻字，用語，コンピュータ利用，統計，文献の表現や記述，資料保存，それに最近加わった記録管理がテーマになっています。また，インターネットの国別ドメイン名やオリンピックでも使われている国名コードの管理も行っています。この中の文献の表現や記述は，このTC46による国際標準化事業の中で長い間中心となっていました。科学技術分野の文献の表現や記述，例えば学術雑誌のレイアウトであるとか，索引誌における書誌記述などの国際規格が制定されてきました。しかし，それも1980年代までのことで，1990年代には，コンピュータ利用とメディアの識別記号が中心となりました。書誌記述など目録につながる部分が論じ尽くされたのかといえば，そうではないのですが，TC46の中では，急速に関心は薄れていき，その方面での各国の論客はいなくなりました。

そして，もっぱらメディアの識別記号が数多く提案されるようになっています。これはこれで重要ですが，識別記号がなぜ求められるのかといえば，著作権管理に結びついているからです。メディア産業から商業的なメディアの識別ができるような記号体系を整備してほしいという要請があるようで，書誌コントロールの趣旨とはいささか違ってきているようです。

一方，コンピューター利用に関しても比較的活発ですが，ここではSGML，Z39.50 [注4]，メタデータ関係の標準化が進められております。確かにこれらは

最新のトピックです。ＩＳＯ（国際標準化機構）は，プロトコルとしてＯＳＩを推進してきましたが，これがインターネットのプロトコルに押しのけられ，ＳＧＭＬではなくＨＴＭＬが普及するというように，細かくみれば，当初の期待に反しているのが気になるところです。ＴＣ４６だけではなく，こうした国際標準化事業自体が曲がり角にあるのではないかと思われます。

2　20世紀後半の書誌コントロール

a　国際標準化とＵＢＣ

次に，第二次大戦後の書誌コントロールを大まかに振り返ってみます。国際的な標準化と各国の分担というのが第二次大戦後の大きな流れということができます。つまり，国際的な合意で基本的な規則を決めておいて，それをもとに各国が責任を持ってそれぞれの国内の書誌コントロールを行おうという国際書誌コントロールの考え方です。今は当たり前になっているので何とも思わないわけですけれども，これが20世紀後半を支配してきた図書や雑誌の書誌コントロールの枠組みです。具体的には，パリ原則や国際標準書誌記述（ＩＳＢＤ：International Standard Bibliographic Description）のような国際標準が作られました。また米国のＭＡＲＣフォーマットがデファクトスタンダードとなりました。

一方では，各国の中央図書館，日本でいえば国立国会図書館が全国書誌を作成し，標準的な目録をつくる，つまり集中目録作業が前提となりました。目録データの配布には，印刷カードやＣＩＰ（cataloging in publication）がありましたが，機械化が進展し，ＭＡＲＣが作られるようになると，目録のデータの配布はＭＡＲＣを通じて行えるようになりました。以下では，集中目録作業ということばに，集中目録作業で作られた目録データを利用することも含めます。

b　データベースの登場

ＭＡＲＣもその一つですが，1960年代から書誌データベースが登場し，これによって書誌データを共用することがたやすくなりました。さらには，論文を収

録したデータベースがオンライン検索システムでネットワークで提供されるようになり、データベースの共用化はさらに進みました。目録についてもネットワークを利用した分担目録作業が書誌ユーティリティによって行われるようになりました。

　米国で、ＭＡＲＣの登場、オンライン検索サービスの開始、書誌ユーティリティの開始は、何れも1970年前後の数年の間で起こっていますが、これら20世紀の残りの30年間を規定するものが同時期に生まれたのは不思議なことです。書誌ユーティリティとはＯＣＬＣのことですが、分担目録作業は、本来は集中目録作業とは違います。集中目録作業で作られたＭＡＲＣを基本としつつ、分担して目録を作るという方法です。これによって目録作業は大きく変容いたしました。つまり、書誌ユーティリティの第一の目的は各図書館の目録作業の負担の軽減ですから、これによって、ドラスティックに目録にかける人員を少なくすることができました。

　c　有料のオンライン検索サービスの登場

　もう一つの、有料のオンラインデータベース検索サービスが登場し、これは別個のデータベース産業を形成し、1980年代がピークでした。1990年代になって陰りが見えて、現在ではインターネットによって先行きが怪しくなっています。この有料のオンライン検索サービスに関しては、図書館は利用者側に位置していたということになります。データベースを作るほうではなくて、ただ最終利用者の代行をするのが精いっぱいだったわけです。

3　目録の書誌データ作成提供と書誌データベース事業の現在

　a　分担目録作業と集中目録作業

　さて、集中目録作業と分担目録作業に戻ります。分担目録作業は書誌ユーティリティであるＯＣＬＣや、日本の国立情報学研究所のＮＡＣＳＩＳ－ＣＡＴ[注5]で行なわれており、米国では、あらゆる館種の図書館が利用し、日本では大学図書館の大部分と、一部の公共図書館と専門図書館が加わっています。

—53—

一方，集中目録作業では，本来は国立国会図書館のJAPAN／MARCあるいは『日本全国書誌』が全国の図書館で使われるはずでしたが，残念ながらそうなっていません。現在，使われているのはTRCや書籍取次が集中目録作業で作っている目録データです。これらが公共図書館や専門図書館，学校図書館で使われているという状況です。つまり，大学図書館とそれ以外の図書館では目録作成に対する考え方が大きく違っていることになります。分担目録作業では，目録の知識は各図書館で必要ですが，集中目録作業が徹底されてしまうと各図書館は，目録の知識がなくてもやっていけます。目録データの単なる利用者となります。

　集中目録作業でも分担目録作業でも，もともと負担の軽減すなわち合理化が背後にはあるわけですから，どちらの方法でも個々の図書館の目録部門は縮小されていきます。いずれの方式にしても目録部門の人数を減らすことが可能であり，集中目録作業ではゼロにもでき，次第に目録に関する知識や経験は図書館内に蓄積されなくなります。

b　図書館からの目録の知識の流出

　目録の知識が図書館から流出していると言えるでしょう。先ほど申し上げたように，現在の図書館では，頻繁に配置転換があります。以前は，かなり長い間一つの部門にいることができたわけですが，今では短い期間，3年ほどで他の部門やあるいは図書館外へ移ることが一般的になりつつあります。これは公共図書館でも大学図書館でもみられます。配置転換がなされる一方，臨時雇用の人たちがふえてきます。また，業務の外部委託，別名でアウトソーシングも行われています。目録業務は，多くの事例を経験しなければ知識は深まらないわけですから2年，3年の経験ではやはり無理でしょう。5年，10年とある程度経験が増すにつれて，様々な知識が増えてくる業務であろうと考えられます。短い期間で担当者が変わるとその人たちにも図書館にも何も残らないことになります。ところが，一方で，臨時に雇用されている方々や外部発注先では継続的に同じ業務を行っていますので，実はそれらの人々の方が図書館員より目録の深い知識を持つという現象，つまり目録知識の流出が起きています。

c 国立国会図書館Web－OPACの意義

さて，今年（2000年）から，ようやく国立国会図書館のOPACを全面的にWWWで利用できるようになりました。JAPAN／MARCは有料で販売されていますから，無料でWWW上で提供するには問題があったのだろうと思いますが，大変，便利になったと喜んでいます。必ずしも世界中の国立国会図書館がOPACをWWW上で無料で公開しているわけではありませんが，米国議会図書館はかなり前から公開していたことでもあり，国立国会図書館の公開を心待ちしていました。もちろん，国立国会図書館の所蔵を探そうという利用者もいるでしょうが，国立国会図書館のOPACは様々な利用ができます。網羅性と信頼性の面が保証されているからです。今，ある作家の個人書誌を作っていますが，このWeb－OPACによって大いに助かっています。また，前にあげた「21世紀」の例のようにある言葉がいつ頃から使われるようになったかといった調査にも有用です。おそらく大勢の人々が様々な使い方をしているはずです。どのようなデータベースも汎用性があり，特に書誌データベースは，汎用性が高いと言えます。

d WWWによるデータベース無料提供の進展

さて，Web－OPACは無料で提供されています。このインターネットにおけるデータベースの無料提供が，データベース作成に大きな影響を及ぼすと考えられます。米国では，雑誌論文のデータベースである医学のMEDLINE[注6]や教育学のERIC[注7]は，かなり前から無料で提供されております。両方とも，国の機関が作成しています。また，日本でも特許データベースが「特許電子図書館」として無料で提供されるようになりました。これは，まず米国で，無料で特許情報が提供されはじめたのをみて，それに追随したものです。つまり，図書や雑誌のデータベース，それに国の予算で作られる書誌データベースの無料提供が広まりつつあると言えます。

e　データベース利用の増加

この結果，データベースの利用は増加しています。様々な例をあげることができます。先に述べたように図書館内のＯＰＡＣを使う人々が増え，また，WWW上のＯＰＡＣも使われています。オンライン書店でも本のデータベース検索をします。国立情報学研究所のＷｅｂｃａｔ[注8]の利用者数も膨大です。それから，大学という狭い範囲ですが，大学図書館がWWWによって提供している書誌データベースも，少なくとも私どもの大学では学生が普通に使うようになっております。つまり，一部の専門家ではなく，一般の人々がデータベースを使い，情報検索を日常的に行う時代がようやく到来しつつあります。

4　将来

全体としては流動的な状況ですから，将来どのようになるとはとても言えませんが，いくつか論点を考えてみたいと思います。

a　目録作成の体制の見直し

まず，目録作成の体制の見直しがあげられます。現在，日本では，集中目録作業と分担目録作業の棲み分けが自然に行われているという言い方ができます。これを変える必要はないのかもしれません。ただ，国の機関と民間機関の役割分担というところでは，問題は残ると思います。簡単に言いますと，国立国会図書館で集中目録作業の責任を持つほうがよいのではないかと思います。なぜかと申しますと，取次を中心とした民間機関に関して，継続性という点でやはり疑問があるからです。ここでは，詳しく申し上げられませんが，例えば小田光雄さんらが最近出された『出版クラッシュ！？』（安藤哲也，小田光雄，永江朗．編書房，2000）をはじめとする出版界や取次業界の現状の分析を読みますと，取次でさえも厳しい状況に置かれているということがわかります。そうすると，目録データの作成は，継続されるのだろうかという疑問が出てまいります。もし，取次が目録データの作成をやめてしまえば，公共図書館などではかなり困ったことになるだろうと懸念されます。もちろん，民間機関の目録データのほうが迅速に作成さ

れ，きめ細かく配布されていることは十分評価されます。国立国会図書館にこれを望むのは納本制度の運用にかかわることで大変難しいことは承知した上ですがあえて申し上げます。

b 国の事業としての書誌データ作成の意義

国の事業として書誌データベース作成を行うという点に大きな意義があると思います。基盤となるような書誌データは国の事業として作るのが望ましいということです。日本では，異論もないまま，国立国会図書館が図書と逐次刊行物，それに雑誌論文のデータベースを作ることが認められ，さらには国立情報学研究所のＮＡＣＳＩＳ－ＣＡＴやＷｅｂ－ｃａｔの事業が国の予算で行われることが認められてきました。これは，図書館界にとって，また書誌コントロールの面からみて望ましいことです。従って，国立国会図書館は，作成しているデータベースの質をさらに高め，広く利用されるように努力をして頂きたいと考えます。

c 集中目録作業から分担目録作業へ

先に申し上げました通り，図書館から目録の知識が失われつつありますが，おそらく，このままでは，事態はさらに進行していくでしょう。目録や分類は，司書養成課程では専門性の象徴として教えられはするが，図書館では必要がないといったことにすでになりつつあります。集中目録作業によって得た目録データを使う場合よりも，分担目録作業に参加して目録作成を行うほうが，各図書館には目録部門が残る可能性があると言えます。また書誌ユーティリティによる分担目録作業の大きな利点は，総合目録が自動的に構築されることです。

では，現在，集中目録作業で作られた目録データを使っている公共図書館や学校図書館などが参加できる書誌ユーティリティを実現することはできるでしょうか。これには四つの方向が考えられます。第一は，国立国会図書館が書誌ユーティリティを作り，運営すること，第二は，ＴＲＣなどの民間機関が書誌ユーティリティを作り，運営すること，第三は，都道府県別に地域的な書誌ユーティリティを作ること，第四は，国立情報学研究所のＮＡＣＳＩＳ－ＣＡＴに公共図書館などが参加できるようにすることです。

国立国会図書館が書誌ユーティリティを作り，運営することに基本的には何の問題もないと考えますが，国の事業としては他にＮＡＣＳＩＳ－ＣＡＴがあるわけで，財政当局が認めるかどうかは興味深いところです。また，実現可能としても国立国会図書館には，事業を実施する時のスピードに難があります。慎重であり，確実さのあることはよいことですが，おそらく5年や10年経って時代遅れになった時にしかできないでしょう。

　ＴＲＣなどが書誌ユーティリティを作るという案は，公共図書館にとっては，最も馴染みやすい計画となるでしょう。多くの公共図書館にとって，ＴＲＣ　ＭＡＲＣが目録の全てなのですから。また，既にＴＲＣなどは，各図書館の所蔵データを持っていますから，総合目録の構築も比較的容易です。しかし，書誌ユーティリティのソフトウェア等の開発や運営の費用を各図書館が分担して負担することになり，これにはかなり無理があると言えます。

　第三の道は，これまでの都道府県単位のネットワークの延長で，書誌ユーティリティを作るという案です。地域の総合目録ができあがるというのが大きな利点です。しかしながら，都道府県で書誌ユーティリティを作り運営するには負担が大きすぎます。都道府県という単位自体が10年先にどうなっているかはわかりません。それはともかくとしても，地域的な総合目録を努力を払って作ってもそれほど意義はありません。

　結局は，ＮＡＣＳＩＳ－ＣＡＴの参加館の条件を緩和し，公共図書館や学校図書館が参加できるようにするのが，現実的でしょう。学術情報センターが作られる前に，分担目録システムに登録できるのは学術書だけにしたい，といった学問からも現実からもかけ離れた意見がありました。書誌ユーティリティの総合目録データベースにはどのような資料があっても構わないわけです。国内の総合目録データベースは一つであるほうが，便利です。ＮＡＣＳＩＳ－ＣＡＴは今でも大規模な公共図書館は利用できるわけですから，規程を緩めればよいことになります。

　しかしながら，実際に分担目録作業に参加する公共図書館は，さほど多くはないと予想されます。現在の集中目録作業を利用する限り，目録部門は無くても凌げますが，分担目録作業を行うなら目録部門がどうしても必要になりますから，気乗りはしないだろうと思われます。

d　主題知識の確保

　目録とは別に，図書館から主題を扱う業務が無くなっているのが気にかかります。大学図書館でも公共図書館でも，独自の主題を持つデータベースを作り，インターネット上で公開するといったことがあれば，図書館の存在意義を明示できるわけですが，これも前に述べたような事情で現実的ではなくなっています。国立国会図書館などが提供する図書や雑誌論文の書誌データを含むデータベースに各図書館が分類や索引語を与えてデータベースを作る方式が一応は考えられます。

e　データベースの有料提供

　もう一つ，書誌データベースの提供は無料でよいのかという点が問題です。国の機関が作成するデータベース，あるいは図書館が作り提供するデータベースは無料であることが前提となるでしょう。しかし，民間の機関が作成，提供する場合は有料でなければ，データベースを維持できません。どのようなデータベースも無料で提供せよというのは無茶な話です。となれば，有料のデータベースは，図書館がサイトライセンスによって導入し，図書館利用者は無料で利用できるという方式であれば，データベース作成者側の収入も保証されることになります。現在，大学図書館の一部では，これが実現されていますが，大学図書館の費やす費用負担を軽減するために図書館コンソーシアムが必要となります。さらには，欧米のように地域で大学図書館，公共図書館，学校図書館を含んだ図書館コンソーシアムの実現を考えていかなければならないでしょう。公共図書館や学校図書館でインターネットの利用が本格化するのは3年から5年先のことでしょう。また，設置団体が異なる図書館が金銭的な負担をして共同体をつくることはこれまでなら不可能であったと言えます。従って，地域的図書館コンソーシアムが現実化するのはかなり先となるでしょうが，こうしたコンソーシアムがなければ，データベース利用の格差は解消されません。

　このように見てくると，20世紀末で終わりつつあるものは数多いにもかかわらず，新しい動きは少ないということになります。こうした状況の中で，国立国会

図書館の果たすべき役割は依然として大きいと言わなければなりません。

注1. bk1
株式会社ブックワンが運営する、オンライン書店 bk1 のサイト。

注2. Book Contents
東京大学で所蔵する本の「目次情報」や「内容情報（要旨・帯・カバーからの情報）」で検索できるデータベース（和書 100,097 件、洋書 43,266 件。2000 年 3 月 1 日現在）。
http://contents.lib.u-tokyo.ac.jp/contents/top.html

注3. Books（Books or jp）
2000 年 12 月までに国内で発行された入手可能な書籍（59 万点）が収録されている。また、2001 年 1 月以降の書籍については各出版社から提供された電子データ（約 9,434 点）を収録している。(2001.4.16)

注4. Z39.50
クライアント・サーバーモデルによるデータベース検索のための通信規約 (protocol) が検討され，米国で Z39.50 と呼ばれる規格となった。(Z39.50 は，NISO(National Information Standard Organization)の制定した 50 番目の規格という意味である。)
これは，利用側であるクライアントとデータベースを提供するサーバー側との間に標準的なプロトコルを定めておき，利用者はクライアント側のソフトウェアを使うだけで，個々のサーバーを意識することなく探索を行うことができるようにしたものである。

ISO 23950:1998　　Information and documentation -- Information retrieval (Z39.50) -- Application service definition and protocol specification

JIS X 0806:1999　　情報検索（Z39.50）応用サービス定義及びプロトコル仕様

注5. NACSIS-CAT

　　国立情報学研究所(NII)が提供する目録・所在情報サービスの略称で、オンライン共同分担目録方式により全国規模の総合目録データベース（図書/雑誌）を形成するためのシステム。入力作業を効率的に行なえるよう、JAPAN/MARC や US/MARC などの標準的書誌データベースを参照するとともに、共同分担目録方式により、図書館の目録作業の重複を防ぎ、省力化と処理の迅速化を目的としている。

注6. MEDLINE

　　MEDLINE には PubMed，Internet Grateful Med や HealthGate MEDLINE+ などの Web 版がある。URL は MEDLINE の Web 版である PubMed のもの。

　　http://www.ncbi.nlm.nih.gov/PubMed/

注7. ERIC

　　http://ericir.syr.edu/Eric/

注8. NACSIS Webcat

　　NACSIS-CAT によって作成された書誌データを WWW 上で検索できるシステム。

　　http://webcat.nii.ac.jp/

[報告]

国立国会図書館における全国書誌提供の新方針

原井直子
（国立国会図書館図書部書誌課課長補佐）

書誌課の原井と申します。これから当館におきます全国書誌提供の新方針ということで話をさせていただきます。

当館で作成する書誌データすべてに係る方針として「書誌データ整備基本計画」というものを今年3月、昨年度末に作成しましたが、全国書誌サービス、全国書誌の提供方針の前提として、最初にこの計画について話をさせていただきます。当計画は、当館で作成しております書誌データすべてに対して、作成から提供までの大枠を示したものとなっております。その中で、本日のテーマである提供方針については、次のような3つの基本を挙げております。

書誌データ提供の基本方針
① 当館の所蔵する資料及び当館が作成した書誌データへのアクセス手段を広く提供するため、当館作成データベースをインターネットで公開する。
② 当館が作成する書誌データの内外における利用を促進するため、標準的なフォーマットで作成する電子ファイルを提供する。
③ 国内刊行物の書誌データを全国書誌として上記②の方法によって提供するとともに、インターネットにより迅速かつ一覧性のある方法で提供する。

まず①については、もう少しわかりやすく言いますと、今後、書誌データ提供の中心はインターネットによるOPAC、つまりWWW－OPACになるという

ことです。ＯＰＡＣは、当館の所蔵資料へのアクセス手段として、また、館内の閲覧目録として提供します。具体的には、当館の東京本館、関西館、国際子ども図書館における資料の所蔵・所在情報の提供、利用に係るステータス情報（利用可能、製本中、貸出中など）の提供などを含むデータ提供ということです。また、将来は申し込み機能までついたＯＰＡＣとなる予定です。

　ただ、所蔵資料の書誌データといいましても、すべてを公開というわけにはなかなかいきません。中にはプライバシーにかかわる問題、権利関係にかかわる問題で公開できないものもあります。今年の３月に既にＷＷＷ－ＯＰＡＣの提供を開始しておりますが、現在の提供範囲が和図書の昭和23年以降200万件と洋図書の61年以降20万件に限られているのを、いろいろな資料群に拡大して今後は提供していく予定です。

　この範囲拡大をしました新しいＯＰＡＣにつきましては、検索方法、画面なども現在のＯＰＡＣとはかなり異なるものになるかと思います。新ＯＰＡＣの提供開始時期は、一応関西館開館を目処にしていますが、まだ確定しておりません。

新ＯＰＡＣ（仮称）の公開範囲

Ａ．現在のＯＰＡＣですでに提供しているもの
　①和図書（昭和23年以降受入分）　　　　　　　約200万件
　②洋図書（昭和61年以降受入分）　　　　　　　約20万件

Ｂ．新ＯＰＡＣで新たに提供を予定しているもの
　①和図書（明治期～昭和22年受入分）　　　　　約40万件
　②洋図書（昭和23年～昭和60年受入分）　　　　約26万件
　③和逐次刊行物　　　　　　　　　　　　　　　約10万件
　④洋逐次刊行物　　　　　　　　　　　　　　　約5万件
　⑤雑誌記事索引　　　　　　　　　　　　　　　約350万件
　⑥地図資料　　　　　　　　　　　　　　　　　未定
　⑦古典籍資料　　　　　　　　　　　　　　　　約3千件
　⑧アメリカ政府刊行物　　　　　　　　　　　　約13万件
　⑨博士論文　　　　　　　　　　　　　　　　　約19万件
　⑩規格資料　　　　　　　　　　　　　　　　　約6万件
　⑪蘆原英了コレクション　　　　　　　　　　　約6万件

次に、書誌データ提供の基本方針②について説明します。現在は当館作成のデータを元にして提供しているプロダクツが幾つかありますが、これらは当館で作成した書誌データをそのプロダクツのために加工した上で提供し、それを発売元でプレスして提供するという形です。平成14年度以降は、当館からは標準的なフォーマットによる書誌データのみを提供して、発行元で必要に応じて加工してプロダクツを作成していただくという形に変更します。これについては、後ほど『ＪＡＰＡＮ／ＭＡＲＣ』『Ｊ－ＢＩＳＣ』に関連してもう少し詳しく説明します。

　また、書誌データ提供の基本方針③につきましても、後の全国書誌の項で説明させていただきます。

　これら３つの提供に関する基本方針を前提として、今後全国書誌サービスを展開していくことになります。次に、本日のテーマであります全国書誌サービスに絞った報告に移らせていただきます。

　全国書誌サービスについても原則を次のように考えております。

今後の全国書誌サービスの原則
①当館書誌データのＯＰＡＣによる公開を前提とする。
②標準フォーマットは JAPAN/MARC フォーマットと UNIMARC フォーマットの２種類とし、これらを並行して提供する。
③冊子体の提供はインターネット上の提供に変更する。

　まず、この全国書誌サービスの原則について簡単に紹介した後に、『日本全国書誌』および『ＪＡＰＡＮ／ＭＡＲＣ』について説明させていただきます。

　ＯＰＡＣ自体は全国書誌だけではなく、それよりも広い範囲の書誌データの提供を行いますが、全国書誌サービスの対象となるデータもＯＰＡＣで公開されますので、当然そのことを前提にしたサービスを考えていかなければいけないというのが①です。

　ＯＰＡＣにつきましては、最大の目的が当館の資料へのアクセスということですので、基本的にはダウンロード機能はありません。もちろん検索して書誌データを探すことはできますが、それをダウンロードして自分のところのデータベー

スに組み込むような機能は用意していないわけです。したがって、それは全国書誌サービスの目標の1つになります。このように、ＯＰＡＣによっては実現しないものを全国書誌サービスの目標とすることが、ＯＰＡＣによる公開を前提とするということの意味です。

　次の原則②に関しては、書誌データの提供全体に関する基本方針でも標準的なフォーマットという言葉が出てきました。全国書誌につきましてはＪＡＰＡＮ／ＭＡＲＣフォーマットとＵＮＩＭＡＲＣフォーマット、この2種類を標準フォーマットとして提供します。全国書誌以外のものに対しては、この2種類のフォーマットと、もう1つ別の標準フォーマットであわせて3種類の標準フォーマットを用意します。

　③については『日本全国書誌』の提供媒体を冊子体からインターネット上での提供に切り替えるということです。

　ここから、『日本全国書誌』について今後の提供方法を説明します。

　現在は『日本全国書誌』を冊子体で週刊で刊行しておりますが、これは平成13年度末で中止いたします。[注]　そして、平成14年度当初から、ホームページ上で『日本全国書誌』を提供いたします。このホームページ上の『日本全国書誌』はＯＰＡＣとは別のものです。ＯＰＡＣは検索をしてヒットした書誌データを見るという形ですが、『日本全国書誌』は一覧性のあるものです。今の冊子体の『日本全国書誌』をそのままホームページ上で見られるという風にイメージしていただければよいかと思います。

　ただし、現行の冊子体のものと若干違う点があります。なるべくブラウジング性、一覧性を高めるということを目的にしておりますので、記述部分を中心といたします。標目部分はＮＤＣなど、一部のものだけに掲載を限定してなるべく削除ないし削減いたします。また、書誌データが完成した時点でできるだけ早く公開することを考えております。つまり、資料自体が利用可能になるかどうかとは連動させずに、書誌データが完成した時点で提供していこうと考えております。ホームページ上の『日本全国書誌』については、以上のような枠組みは決まっていますが、現在仕様を検討している最中で詳細まではお示しすることができません。

次に、『JAPAN／MARC』ですが、『日本全国書誌』と同様に平成14年度より提供方法を変更いたします。

> 『JAPAN／MARC』提供方法
> ア) 当館は編集のみ行ない、発行は外部機関により行なう。
> イ) 当館は発行機関にｆｔｐ転送により提供する。
> ウ) フォーマットは現行 JAPAN/MARC フォーマットのほかに UNIMARC フォーマットによるものの提供を開始する。
> エ) JAPAN/MARC 旧フォーマットは中止する。
> オ) 文字コードは現行の JIS78(旧 JIS C 6226-1978)を JIS90(JIS X 0208-1990)に切り替える。

ア)からオ)までにまとめておりますが、まず、ア)からウ)までについて説明します。『JAPAN／MARC』のデータ作成自体は当然当館で行いますが、発行は外部の機関にお任せするという形にいたします。当館からは、外部の発行機関に対してデータを転送によって提供することになります。フォーマットは、ＪＡＰＡＮ／ＭＡＲＣフォーマットとＵＮＩＭＡＲＣフォーマットです。発行機関がユーザのニーズに合わせた媒体、提供方法を採用できます。ただし、『ＪＡＰＡＮ／ＭＡＲＣ』のデータ自体の加工は行わずに発行していただくことになります。

さらに、現行のＪＡＰＡＮ／ＭＡＲＣフォーマット自体も、この方針変更時期と合わせまして改訂する予定です。この改訂内容は、実際に買っていただいているユーザへのアンケートを現在行っておりまして、その集計結果を見て検討している最中です。改訂方針としましては、前回改訂したときに不充分だった電子資料の整理に関して補充的な改訂を行うことが１つです。また、現行フォーマットでは『ＪＡＰＡＮ／ＭＡＲＣ』の「単行資料の部（M）」と「逐次刊行資料の部（S）」で少し異なる点がありますが、できる限り統一を図りたいと思っております。これらＪＡＰＡＮ／ＭＡＲＣフォーマット改訂につきましては、新フォーマットが確定しました段階で、あらゆる手段を通じて広報していくつもりでおります。

ＵＮＩＭＡＲＣフォーマットにつきましては、現行のＪＡＰＡＮ／ＭＡＲＣフ

ォーマットと並行してＵＮＩＭＡＲＣフォーマットによっても提供することにより、他国のＭＡＲＣとの互換性が高くなる、また他国ＭＡＲＣとの統合利用が容易になるなどのメリットがあると考えております。こちらのフォーマットにつきましても、なるべく早い時期にマニュアルなどを作成して内容を広報していきたいと考えています。

　次に工)ですが、ＪＡＰＡＮ／ＭＡＲＣ旧フォーマットは提供を中止します。前回の1998年フォーマット改訂期の後も、新フォーマットにすぐに対応できないユーザのために旧フォーマットでの提供も当面の措置ということで並行して行ってきました。しかし、すでに前改訂時よりかなりの年数がたちましたので、今回のフォーマット改訂時に合わせて旧フォーマットによる提供は中止する予定です。今回、平成14年度にフォーマット改訂を再度行いますが、今回の改訂はほとんどが新しい要素の追加という形になります。ユーザ側で改訂に対応しない場合は、新しい追加部分が使えないということになりますが、改訂によりこれまで提供していたデータが使用できなくなるということはほとんど無いと想定しています。したがって、現行フォーマットでの提供を改訂後に並行して行うことは考えておりません。

　最後に、オ)の文字コードについて説明します。『ＪＡＰＡＮ／ＭＡＲＣ』は、提供開始時より、ずっと文字コードの変更を行わずにＪＩＳ78を使ってきておりますが、さすがに環境の問題もございますので、この機にＪＩＳの90に切りかえることとしました。ＪＩＳ90を選択したのは、現在の一般的な環境を考えますと、これが一番使い易いだろうと判断した次第です。

　では、『ＪＡＰＡＮ／ＭＡＲＣ』ではなく、ＣＤ－ＲＯＭなどのプロダクツはどうなるのかということですが、何度かすでに申し上げましたように、今後は、当館で加工したデータを提供するということは行いません。ただし、外部機関が当館の提供する標準フォーマットによるデータを加工利用して多様な形で提供するということについては、許諾する方式をとりまして、できるだけ多様な形の提供を達成していきたいと考えております。

　Ｊ－ＢＩＳＣに関しまして少し補足いたします。Ｊ－ＢＩＳＣは現在でもかなり利用の多いＣＤ－ＲＯＭですので、何とか継続して刊行していただきたいと考えています。ＪＡＰＡＮ／ＭＡＲＣフォーマットによるデータだけではＪ－ＢＩＳＣを作成するには不足なデータがありますので、これはＪＡＰＡＮ／ＭＡＲＣ

フォーマットを改訂して補充します。これにより、標準フォーマットから加工してJ-BISCを作成することが可能となるということです。

　J-BISCにつきましては、現在の発行機関に、この提供方針変更後も継続して出していただく意思のあることは確認しております。またさらに、J-BISC以外のCD-ROM等のプロダクツに関しましては、発行機関に対して、工夫をする、バージョンアップを図る、付加価値をつけるなどによって、品質の向上を是非お願いしたいところです。

　ここでは全国書誌サービスについて話をしておりますが、提供方針は全国書誌に限らず、すべて当館で作成する書誌データについて、基本的には同じ考え方で臨みたいと考えております。

　時間が予定より短いのですけれども、とりあえずこれでお話を終わらせていただきまして、何か後で質問がありましたらお答えさせていただきます。

注．　平成14年度は『日本全国書誌』をホームページ上で提供するとともに、ホームページと同内容の冊子体を継続出版することとしました。有料頒布は従来どおり継続し、無償配布は中止します。　　　（図書部書誌課）

[コメント]

『J-BISC』について

遠矢勝昭
（日本図書館協会 出版・ニューメディア事業部長）

　『JAPAN/MARC』、『J-BISC』を頒布している日本図書館協会の遠矢でございます。国会図書館を初めユーザーの方々には、この頒布事業に対しまして多大なるご支援、ご協力を賜りまして、改めてこの場をおかりして御礼申し上げます。先ほど原井課長補佐の方からございましたように、これから14年度以降、新しくシステムが変更されましても、従来どおり以上の付加価値をつけて、パッケージ系の『J-BISC』の頒布を継続していこうというぐあいには考えております。これも当然国会図書館様のご指導を仰ぎながら進めてまいりたいと思います。

　それで、先ほどちょっと触れました『JAPAN/MARC』のアンケート調査、これはまだ集計途上でございますけれども、今回のシステムに移行されても、おおむね好意的な回答をちょうだいしておりますので、これからも引き続きまた新しい媒体の提供も含めてご提供できるかと思っております。もし後ほど質問がございましたらお答えしたいと思いますが、とりあえずこの辺にいたしたいと思います。

● 質疑応答 ●

Q: 全国書誌のWWW-OPACについてということで質問します。国会図書館の方には何度かお願いしてきていますので、ご検討されているかなと期待したいのですが、全国書誌のWWW-OPACでの公開、インターネットでの公開は、点字図書館というところにかかわっている者にとっても、視覚障害を持った利用者にとっても、図書の情報が非常に少ない環境にいる者にとって、非常に期待をしているところです。

ただそれが、視覚障害者がインターネットアクセスして使える環境になるかどうかというところが大きなネックで、国会図書館に限らず、さまざまな図書館のWWWのOPACにかかわる部分なのです。国会図書館の現在のホームページのメニュー画面は、視覚障害者の音声で読むことは不可能です。ですから、メニュー画面で簡易検索が現在ありますが簡易検索からは検索できません。実際に検索画面に入っていったら、視覚障害者のアクセスということで、音声化は音声のためのソフトがさまざまに現在進行形で開発されていますので、今後、可能になる可能性は大きいと思うのです。

そういう意味で、検索の画面に入っていったときには可能なのです。しかし、まず、例えば私どもの点字図書館のホームページにアクセスして、そこからリンクして直接国会図書館のOPACの検索画面に飛べば、多分可能だろうなと思うのですが、国会図書館のホームページに入ってきて、そのメニューから入ろうとすると、多分アクセスは不可能だろうと思われます。その辺の国会図書館の書誌アクセスに対する、さまざまな障害を持った人たちにも可能な開かれたOPACということでの検討がきちんとされているのかどうか、お伺いしたいと思います。

A: 平成14年度以降に提供する予定の新OPACについて説明します。

現在、平成12年度開発分の詳細設計を終えたところですが、この段階では、標準的な部分のみを開発対象としています。御指摘の点を含め、様々な利用者の方々への対応、例えば英語版検索画面の必要性等の要件は、平成13年度以降の開発の中で順次検討し、実施できるものは実施することにしています。

現行のＷｅｂ－ＯＰＡＣは、当館のホームページからリンクを辿っていく方法のほかに、Ｗｅｂ－ＯＰＡＣのURLをブックマークに登録するなどして直接アクセスできるようにもなっていますが、新ＯＰＡＣとホームページとの連携をどのように行うかについても、平成13年度以降の検討課題となっています。見通しについては未だ何とも言いがたい状況ですが、貴重な御指摘をいただいたことでもあり、検討は鋭意進めさせていただきたいと思います。

　現在、点字図書館の方には国立国会図書館が作成しております「点字図書・録音図書全国総合目録」の磁気テープ版（AB01）を提供しておりますけれども、点字図書館の方ではインターネットで提供したいということで、昨年来、できるだけ早く国会図書館でもインターネット経由での提供をお願いしたいという要請も受けております。

　「点字図書・録音図書全国総合目録」については、日本図書館協会を通じまして、現在ＣＤ－ＲＯＭを販売していただいております。現在、120枚ほど出ているようでございます。これがために、一方で売っていただいて、一方でインターネットで流すということは大変商業上も難しいことがございますが、日本点字図書館と当館とで協議いたしまして、「点字図書・録音図書全国総合目録」につきましてもできるだけ早い機会にインターネット経由で提供したいということで担当の方と詰めてまいります。

Ｑ：　日図協へのお願いになるのか、国立国会図書館へのお願いになるのかわからないのですが、先ほどの『Ｊ－ＢＩＳＣ』についてです。私どもの方でも非常に使い勝手がいいものですから使わせていただいています。平成14年度以降に新しい機能をつけてお出しいただけるということで、ＷＷＷ－ＯＰＡＣが公開されても、スタンドアロンで使える『Ｊ－ＢＩＳＣ』には非常に期待しております。機能もそうなのですが、値段の方も上がってしまうようなことがあると非常に財政も厳しいので、なるべくリーズナブルな形でしていただきたい。また、利用者の方からプリントアウトをしてデータをいただきたいという要望もあります。そういったことも配慮いただければなと思っています。要望になってしまうのですが。

Ａ（日本図書館協会）：
　価格につきましては、これからも国会図書館とご相談をしながら、なるだけ安くできるように提供していきたい。今、実を言いますと、館の創設された昭

和23年、1948年以降のデータを新しい媒体、例えばDVDという形に格納して提供しようということも考えております。これもいろいろ館のご示唆をいただきながら進めてまいりたいと思いますけれども、価格についてはなるだけ安くできるような方向で検討したいとは思っております。

　プリントアウトのことですが、『J－BISC』の機能には既に格納されております。どういうことでしょうか。

Q：　プリントアウトしたものは利用者へ提供できないと認識していたのですが。

A（日本図書館協会）：

　図書館の一般利用者への提供ということですね。これは著作権の問題もあるので、できないということになっております。一部ある機関等々ではそういう提供も可能なようなことも聞いておりますけれども、著作権の問題もあるということでございますので、その辺はご容赦願いたいというぐあいに思います。

『J－BISC』を購入した図書館等における
利用者へのプリントアウト・サービスについて

『J－BISC』の全部又は一部について、媒体のいかんを問わず原形若しくは原形に近い形で複製する場合にはあらかじめ当館の許諾を得ていただくこととなっておりますが、平成13年度から、『J－BISC』の契約を改定し、データのプリントアウトに限り、当館の許諾を要しないものとすることといたしました。

したがって、『J－BISC』を購入した図書館等においては、その利用者に対し『J－BISC』のデータのプリントアウト・サービスを当館の許諾なしに行なうことが可能になりました。

閉会挨拶

那須雅熙
(国立国会図書館図書部図書整理課長)

　主催者の一人として、最後に一言ごあいさつ申し上げたいと存じます。
　本日は半日に及ぶ会議となりましたが、また会場も狭く、少々暑くて大変ご窮屈な思いをさせてしまいましたが、皆様のご協力により成功裡に会議を終えましたことを深く感謝いたします。
　本日は、先ずお二人の先生から、私どもには少々耳の痛い話ではありましたが、非常に示唆に富むご講演をしていただきました。それから、私どもの電子情報への対応、平成14年度以降の書誌データの提供のあり方についてご報告をさせていただいたわけですが、それについては皆様からご要望、ご意見を頂戴いたしました。ちょっと時間の制約もあり、十分にご理解していただけたかどうか、なおまだいろいろなご要望、ご意見がおありになるのではと懸念しております。何かありましたら、ご遠慮なく当方にお寄せいただきたいと存じます。
　さて、先日、この会議の英語名を考える機会がありました。安嶋と二人でどうしようかという話をしていたのですが、結局、Conference on Bibliographic Control という名称におちつきました。先程の上田先生のお話では、前嶋先生から根本先生までのbibliographic controlの和訳名をめぐるいきさつをご紹介していただきましたが、私たちは、英語名が「bibliographic control」で、和名の方は「書誌調整」としました。私どものなかでは、書誌調整とbibliographic controlは同義であります。その趣旨は、図書部長が冒頭の挨拶で申し上げたとおりですが、お二人の先生からも学識に立脚した話をしていただいたように、私たちは単なる書誌データ調整でなく「書誌コントロール」について今後意欲的に取り組んでいくつもりだということでございます。
　また、書誌コントロールといえば、最近の二つの大きな国際会議のことが思い浮かびます。ひとつは、一昨年11月にコペンハーゲンで開かれた全国書誌国際会議(ＩＣＮＢＳ)です。所謂パリ会議以後開かれていなかった第二回目の会議ですが、当館からも当時の石川図書部長が参加いたしました。ここでは、世界書

誌における全国書誌の重要性及びこれに対する書誌コントロールの重要性についての勧告が採択されました。もう一つは、先程、永田先生がご紹介してくださった米国議会図書館の創立200年を記念した「新千年紀のための書誌コントロールに関する200周年記念コンファレンス」がこの１５日から開催されることになっています。私たちは、別に向こうを張ったというわけではないのですが、国際的にも同時期に同じような会議が開かれるということの意義とともに、書誌活動に携わっている者としてその責任の重さを感じている次第です。

　私たちは、本日の第１回を皮切りに、今後書誌調整連絡会議を第２回、第３回と回数を重ねてまいりたいと思っております。が、上田先生のお話では、現代の書誌コントロールは大変難しい局面にあり、書誌コントロール自体が問われているということでした。正直なところ、これまで国立国会図書館は余り書誌コントロールに熱心ではなかったわけですが、選りによってそれ自体が揺れているという時代に小さな船を漕ぎ出そうとしています。書誌コントロールは、世代的に第３世代に入ったと言われておりますように、新たな時代に対応したあり方が求められています。これらについて本当に手探りであろうかと思いますが、皆様のご支援、ご協力を賜りながら取組んでまいりたいと思います。

　本日は、本当に長い時間をありがとうございました。

視覚障害者その他活字のままではこの本を利用できない人のために、日本図書館協会および著者に届け出ることを条件に音声訳（録音図書）及び拡大写本、電子図書（パソコンなど利用して読む図書）の製作を認めます。ただし、営利を目的とする場合は除きます。

EYE LOVE EYE

第1回書誌調整連絡会議記録集
電子情報時代の全国書誌サービス

定価：本体900円（税別）

2001年9月28日発行	初版第1刷発行Ⓒ
2001年11月30日発行	初版第2刷発行

編集　　国立国会図書館
発行　　社団法人　日本図書館協会
　　　　〒104-0033
　　　　東京都中央区新川1－11－14
　　　　Ｔｅｌ　03-3523-0812
印刷　　株式会社　サンコー

JLA200137

ISBN4－8204－0116－5　C3300　¥900E